조
계
사

大韓佛教總本山曹溪寺

"부처님 법 전합시다!"

'대한불교 총본산 조계사(大韓佛教 總本山 曹溪寺)'

조계사의 일주문 현판에 쓰여 있는 글귀입니다. 글귀 중 특히 '총본산 (總本山)'이라는 말에 눈길이 가고 그 의미가 마음에 지극히 와닿는 이유는 무엇일까요? 아마도 '총본산(總本山)'에는 우리 민족과 이 땅의 불교를 대표하는 '성지 중의 으뜸 성지'라는 발원과 함께 1000만 사부대중의 희망은 물론이요, 대한민국의 모든 고통과 절망까지도 넉넉히 끌어안아 치유할 수 있을 '제일의 자비도량'이라는 함의가 담겨 있기 때문이라 생각합니다.

조계사의 모습 또한 그러한 대원력을 그대로 표현하고 있습니다. 여느 도량과 달리 일주문 외에는 경계를 표시하는 문이 하나도 없습니다.

세간과 도량을 구분하지 않고 사방 모든 곳이 바로 통할 수 있는 산문(山門) 그 자체입니다. 불자는 물론 일반인도, 이웃 종교인도 자유롭게 출입할 수 있는 곳이 바로 '총본산 조계사'입니다. 누구든 도량을 가로질러 가고 싶은 목적지로 빠르게 갈 수 있도록 넉넉히 길을 내놓는 도량, 그것이 바로 조계사의 진면목입니다. '총본산 조계사'의 문 없는 문, 걸림 없는 형상은 전법과 자비의 제일도량을 발원하고 있음을 상징적으로 설하고 있습니다. 아울러 종교, 빈부의 분별없이 오직 부처님의 자비로써 넉넉히 끌어안아 고통 없는 대한민국을 발원하고 있습니다. 동시에 남북이 하나 되는 통일의 희망을 일깨우기도 합니다. 이것이 바로 '대한불교조계종 총본산 조계사'에 깃들어 있는 대의(大義)라 할 것입니다.

조계사는 우리 민족이 가장 암울했던 시기인 1910년 '각황사(覺皇寺)' 라는 이름으로 이곳에 산문을 연 이후 110여 년 동안 불자는 물론이요 온 국민의 귀의처가 되어왔습니다. 일제의 간악한 민족문화 말살과 탄압, 군부의 독재, 민족의 지속적인 고통을 묵묵히 목도하고 함께 견디며 지극한 자비의 손길로 그 아픔을 치유해왔습니다. 동족상잔의 한국전쟁이 가져온 극심한 혼란 속에서도 하루속히 전쟁이 마무리되기를 기원하는 동시에 피난 온 민초들의 고통을 품어 안아주기도 했습니다.

이와 같은 전법과 포교, 자비의 원력을 가득 담아낸 조계사가 다시 한번 위대한 전법의 원력을 발원하고자 합니다. 어려운 이웃이 있다면 어디든 찾아가 자비의 손길을 펼쳐 고통을 치유하겠습니다. 지혜로운 가르침으로 전법의 등불 높이 들어 부처님의 법을 홍포하겠습니다. 그리하여 대승보살의 서원을 홍포하고 실천하는 전법도량으로서의 당간

지주를 개산 당시의 원력 그대로 올곧게 세우겠습니다. 그것만이 바로 부처님 법을 전하는 '대한불교조계종 총본산 조계사'로서의 위의(威儀)라 믿습니다.

"부처님 법 전합시다! 부처님 법 전합시다! 부처님 법 전합시다!"

불기 2569년(2025년) 1월
조계사 주지 담화 원명 합장

차례

발간사

"부처님 법 전합시다!" · 004

1부
조계사의
역사

화보

**2부
조계사의
얼과 문화**

3부
조계사의
도심 포교
발자취와 미래

History of **Jogyesa**

1부 조계사의 역사

조계사의 뿌리는 1910년 10월 현재의 종로구 수송공원 자리에 창건된 각황
사로부터 이어진다. 각황사 건립은 승려의 도성 출입과 사대문 안 사찰 건립
이라는 당시 불교계의 숙원을 담은 불사였다. 사대문 안에 대규모 사찰을
짓는다는 것은 숭유억불 정책을 편 조선 개국 이래 산중 불교로 밀려나 있
던 불교의 위상을 높이고 도시 불교로의 전환과 근대 불교의 태동을 도모한
일대 사건이었다.

천년 고찰이 많은 한국불교계에서 조계사는 백여 년의 짧은 역사를 지니
고 있지만, 그 백 년은 조선시대에 산중으로 밀려났던 불교가 도시와 시민
생활 속으로 진입하고 근대의 역사적 격변을 견디며 미래를 향해 나아가는
주춧돌을 놓는 백 년이었다.

1부에서는 조선시대와 일제 치하 불교의 현실에서 출발해 각황사 건립,
불교 총본산 조계사의 창건과 대웅전 불사, 해방 후 한국불교의 확장과 조
계사의 중창불사로 이어져 마침내 도심 포교 1번지로 우뚝 서기까지 조계
사의 면면한 역사를 살펴본다.

1.
일제시대 조선불교의 현실과
총본산 설립 목표

조선의 숭유억불 정책

1392년 개국한 조선은 성립 과정에서부터 불교에 배타적이었다. 유교를 숭상하는 신진 사대부를 중심으로 이루어진 조선 건국 세력은 역성 혁명의 대상인 고려 말 귀족 세력을 견제할 필요가 있었다. 그래서 불교에 대한 억압과 성리학, 유교 숭배를 새로 개국한 나라 조선의 주요한 정책으로 표방했다.

억불 정책은 조선 건국과 함께 시작되었으나 처음부터 강경한 것은 아니었다. 태조 이성계는 성리학을 통치이념으로 삼아 조선을 건국했지만 정작 자신은 독실한 불교 신자였다. 불교를 배척하는 데 앞장섰던 삼봉 정도전도 이성계의 어심을 거스르지는 못했다. 태조 5년, 이성계는 사랑하는 아내 신덕왕후가 세상을 떠나자 그녀의 극락왕생을 기원하며 성대한

법회를 열었다. 성리학을 숭앙하는 사대부 중 누구도 이를 말리지 못했다.

불교가 본격적으로 억압을 받은 것은 제3대 태종 이방원이 왕위에 오른 후였다. 태종은 먼저 사찰 숫자를 대폭 축소하였다. 성리학을 신봉하던 제4대 세종대왕은 아버지 태종의 억불 정책을 계승했다. 그 결과 선종과 교종, 두 종파만 남기고 국가 공인 사찰은 36개로 줄어들었다. 선종 사찰과 교종 사찰을 각각 18개씩만 남긴 것이다.

그러나 사찰의 숫자를 줄여도 만백성이 오랜 세월 간직하며 지켜온 '마음 안의 부처'까지 없애는 것은 불가능했다. 게다가 왕실의 위엄을 자랑하고 민심을 다독이는 데 주요 역할을 해온 수륙재(水陸齋)는 유서 깊은 불교 행사였다.

수륙재는 바다와 육지를 떠도는 억울하고 외로운 영혼을 위해 음식을 베풀고, 법문을 들려주는 성대한 연회를 통해 그들을 극락으로 인도하는 제사로, 중국 남조 양나라의 초대 황제인 무제 때 처음으로 시작되었다. 우리나라에서는 고려 광종 때부터 시행되었다고 한다. 부처님의 신력을 통해 선을 행하고 복을 구하는 수륙재는 왕실이 주도하고 만백성이 동참하는 뜻깊은 자리였다.

강력한 왕권으로 나라를 안정시킨 임금일수록 반드시 수륙재를 지내곤 했다. 건국 군주 이성계는 고려 왕족들을 위해 매년 두 차례씩 수륙재를 지냈고, 왕실 주관 수륙재를 행하는 사찰을 지정하기도 했다. 노골적으로 불교를 배척했던 태종과 세종도 수륙재만큼은 축소하거나 없애지 않았다. 수륙재가 단순한 불교 행사가 아니라 민심을 다독이는 수단이었기 때문이다.

　태종과 세종은 불교가 정치에 개입하는 것을 경계했을 뿐 종교의 역할을 무시한 것은 아니었다. 천년 넘게 우리 땅과 백성의 마음에 뿌리를 내려온 부처님의 가르침을 억지로 뽑아내는 것은 불가능했다. 그래서 공식적으로는 불교를 억압했으나 백성들의 신앙을 박해하거나 무시하지 않았고 수륙재도 매년 성대하게 열었다.

승려의 도성 출입 금지

조선시대에 불교를 억압한 정책 가운데 대표적인 사례가 승려의 도성 출입 금지 조치와 도첩제 폐지였다. 도성 출입 금지는 세종 대에 시행되어 19세기 말까지 이어졌다. '승려가 도성에 들어갈 경우 곤장 1백 대에 처한 후 노비로 만든다'라고 하는 도성 출입 금지 조치로 인해 불교가 도성 내의 백성들과 자연스럽게 접촉할 수 있는 길이 원천 봉쇄되었고, 승려의 사회적 위상은 실추될 수밖에 없었다.

　도첩제는 성종 대에 이르러 폐지되었다. 태종 재위 시절 승려의 신분증이던 도첩을 받은 사람은 전국을 통틀어 3,700여 명으로 줄었고, 성종 대에 이르자 도첩제 자체가 완전히 폐지되었다. 도첩제 폐지는 공식적으로 승려가 되는 길을 없애버린 것이었다.

　도첩제의 폐지는 성리학이 불교와의 전쟁에서 거둔 승리였다. 왕실의

본래 지금의 조계사 위치에는 보성고등보통학교가 있었다. 천도교에서 운영하던 이 학교는
1924년부터 조선불교중앙교무원에서 운영하다가 1925년 혜화동으로 이전하고 건물은 조선
불교중앙교무원 건물로 이용했다.

위엄을 상징하던 수륙재도 타격을 입었다. 성종 승하 후 즉위한 연산군
이 왕실의 전통에 따라 선왕을 위해 수륙재를 지내자 사대부와 유생들
의 비난이 쏟아졌고, 결국 수륙재는 폐지되었다. 이는 연산군이 사대부
및 유생들과 대립한 첫 번째 사건이었다. 훗날 폭군이 된 연산군은 불교
와 유교, 양반과 평민을 가리지 않고 탄압했다. 불교가 입은 피해는 컸다.
연산군 시절, 사찰의 토지와 노비는 왕실에 귀속되었고, 선종과 교종마
저 폐지되었다.

한양의 문이 열리다

승려의 도성 출입 금지가 풀린 것은 1895년에 이르러서다. 고종 31년(1894), 동아시아를 뒤흔든 사건이 조선에서 발생했다. 전라도 고부(지금의 정읍) 지역에서 동학농민혁명이 일어난 것이다. 최제우가 창시한 민족 종교 동학은 서구 열강의 침입과 수탈로부터 나라를 지키고, 탐관오리의 횡포와 착취를 반대하는 반봉건 및 반외세 운동이자 사상으로, 불과 30여 년 만에 조선에 뿌리를 내렸다.

동학 농민군은 백성들을 수탈해온 고부군수 조병갑을 처형하고 이를 진압하러 내려온 관군과의 전투에서 승리를 거뒀다. 관군이 대패하자 고종은 동학 농민군을 폭도로 규정하고 청나라에 구원병을 요청하였다. 조선 백성을 진압하기 위해 외국의 군대를 불러온 것이다. 동학의 가르침 그 어디에도 나라를 전복시키고 임금을 바꾼다는 내용은 없었으나 임오군란과 갑신정변으로 목숨을 위협받던 고종에게 동학 농민군은 역도나 다름없었다.

청나라에서 조선에 군대를 파견하자 호시탐탐 조선을 침략할 기회를 엿보던 일본도 군대를 보냈다. 조선 내에 거주하는 일본인을 보호한다는 구실이었으나 사실상 조선의 지배권을 놓고 청나라와 힘겨루기를 시작한 것이다.

청나라와 일본의 개입으로 동학 농민군은 참패했고, 일본은 이를 빌미로 조선의 내정에 간섭하기 시작했다. 청나라는 조선의 상전국이라는 힘을 과시하기 위해 일본과 맞붙었다. 조선 백성을 진압하기 위해 들어온 청나라 군대와 일본 군대가 조선 침략의 우선권을 확보하기 위해 조선 땅에서 청일전쟁을 일으킨 것이다. 1년 가까이 계속된 청일전쟁은 일본의 승리로 끝났다.

청일전쟁이 끝난 후 조선에 들어온 일본의 일련종(日蓮宗) 승려 사노 젠레이는, 조선의 승려도 일본의 승려처럼 자유롭게 도성을 출입할 수 있게 해달라고 요청했다. 물론 이는 조선불교를 위한 것이 아니라, 조선에서 일본불교의 전파를 확대하기 위한 포석이었다. 불교의 실추된 사회적 위상을 어느 정도 복원해야 일본불교의 확대 전파도 가능하기 때문이다.

당시 조선에 막강한 영향력을 행사한 일본 측의 요구는 분명히 도성 출입 금지 해제에 상당한 압력이 되었을 것이다. 그러나 넓게 보면 해금은 이미 조선의 수명이 다해가고 쇄국 정책으로 더 이상 버틸 수 없게 된 19세기 말의 상황에서 조선의 근대화를 위한 여러 개혁 정책을 모색하는 가운데 주도적으로 시행된 것으로 풀이할 수 있다. 어쨌든 이런 상황 속에서 마침내 고종 32년(1895) 3월 29일, 성종이 승려의 도성 출입을 금한 지 400여 년 만에 승려가 한양의 사대문 안에 공식적으로 들어올 수 있게 되었다.

일제의 사찰령과 조선불교의 대응
청일전쟁 이후 일본은 마치 '숭유억불'에 종지부를 찍고 불교를 구원하러

온 것처럼 굴었다. 하지만 1910년, 일제는 고종을 압박하여 국권을 강탈하고 강제로 일본과 대한제국을 합방하며 본색을 드러내기 시작했다.

1911년 6월, 일제는 사찰과 승려를 관리한다는 명목으로 '사찰령'을 제정한다. 사찰령은 주지 및 승려의 임명과 재산 관리 등 사찰이 소유한 일체의 권리를 총독부 권한으로 둔다는 명령이다. 즉, 한국불교 전체를 일본인 총독이 관리하게 한 것이다.

한일병탄 초반에 사찰령을 제정한 것은 조선의 백성들에게 깃들어 있는 불교의 위상을 빌려 최대한 저항 없이 식민통치정책의 기반을 마련하기 위한 고도의 전략이었다. 반발할 틈도 없이 일제는 전국 사찰을 30개 교구로 나누어 본산을 두는 30본산 제도를 만들었다.

하지만 당연히 일제의 정책에 반발하는 움직임도 일어났다. 불교 안에서 자성의 목소리가 높아지면서 기존의 폐단을 답습한 제도와 의식을 바꾸자는 다양한 의견이 등장했고 이를 반영한 불교 잡지들이 발간되었으며 도심마다 포교당이 세워지기도 했다.

스님들은 불교의 개혁을 주도하는 동시에 일본의 식민통치를 거부하며 항일운동에 앞장섰다. 1919년 3·1 독립 만세운동 당시 용성 스님과 만해 한용운 스님은 〈기미독립선언서〉에 민족대표 33인으로 참여했고, 만해 스님은 〈기미독립선언서〉에 〈공약3장(公約三章)〉을 추가하는 한편, 독립선언문을 직접 낭독한 것으로 알려져 있다.

3·1 독립 만세운동이 일으킨 파장은 엄청났다. 그동안 무력과 강압으

로 우리 민족을 통치해온 일제는 3·1 독립 만세운동 이후 유화정책으로 돌아선다. 그러나 전반적인 통치 분위기를 온건하고 부드럽게 바꿨다고 강제로 국권을 강탈한 사실이 바뀌는 것은 아니었다. 우리 민족을 굴복시킬 수 없다는 것을 알게 된 일제는 채찍 대신 당근을 내밀어 전통과 문화의 뿌리를 말살하여 저항정신 자체를 무너뜨리고자 하였다.

2.
조계사의 창건

사대문 안의 첫 사찰, 각황사 창건

400년 동안 이어져오던 승려의 도성 출입 금지 조치가 해제된 이후 조선불교계는 수도 서울 사대문 안에 사찰을 짓기 위해 힘을 모았다. 1910년 창건된 각황사(覺皇寺)는 승려의 도성 출입 금지령이 내려진 이후 처음으로 사대문 안에 건립된 사찰이었다. 고종 32년(1895) 도성 출입이 허용된 이래 사대문 안에 사찰을 건립하는 것은 불교계의 숙원이었다.

경복궁이 보이는 자리에 세워진 각황사는 수백 년 넘게 산중에 숨어야 했던 불교가 대중 앞으로 내려왔음을 의미했고 억불의 시대가 끝났음을 상징했다. 각황사의 창건을 위해 불교계는 모두가 마음을 하나로 모았다. 전국의 승려를 대상으로 모금 운동이 전개되었고, 전국의 사찰에서 백미 2천 석과 8만 냥의 불사금이 모였다. 그리하여 1910년 10월, 각황사

각황사 지적도. 맞은편에 있는 '보성학교'가 지금의
조계사 자리다.

가 창건되었고 포교와 전법의 구심점이 되었다.

각황사는 불교의 자주성 확립은 물론 항일 독립운동을 주도하는 스
님들과 불자들의 근거지였다. 일제의 '유화정책'에 맞서기 위해 불교계에
서는 '조선불교청년회'를 조직했다. 1920년 6월 20일, 만해 한용운 스님의
주도로 조직된 조선불교청년회는 역사와 문화를 수호하고 자주적인 종
단을 건설하는 것을 최우선 가치로 두었다. 이를 위해 1922년 1월, 조선
불교도총회를 개최하였고 각황사에 선(禪)·교(敎) 양종의 중앙총무원을
두어 종단의 통합을 꾀하고자 했다.

중앙총무원이 출범했을 때 동참한 사찰은 30본산 중 10여 개가 넘었

현재의 수송공원 자리에 위치한 각황사 건물과 보성학교 운동장이 보인다.

다. 동참한 사찰은 각 사찰의 재산을 기부하여 각종 불교사업을 전개하고 중앙총무원 조직을 정비했다. 중앙총무원 활동은 불교의 자주화를 의미했다. 그러자 사찰령을 통해 불교를 통제하고자 했던 일제는 총독부의 사찰 정책이 반영된 조선불교중앙교무원을 설립했다. 1924년 4월, 우여곡절 끝에 종단은 조선불교중앙교무원으로 통합되었고, 이어서 구례 화엄사가 본산으로 지정되면서 31본산 제도가 확립되었다.

불교의 자주성을 지키기 위한 노력

총독부의 목적은 불교와 승려들을 일제에 순응시켜 우리 민족의 정신과 문화를 말살하고 식민통치를 수월하게 하는 것이었다. 하지만 일제의 바람과 달리 불교계는 백성과 조선의 자주독립을 지키기 위해 노력했다. 1931년, '조선불교청년총동맹'으로 이름을 바꾼 조선불교청년회는 일제의 탄압을 피해 비밀결사 조직으로 움직이며 항일운동을 전개했다. 조선불교청년회는 광복 이후 1948년 이름을 되찾았고 1962년 6월, '대한불교청년회'로 이름을 바꿔 오늘날에도 활동을 이어가고 있다.

일제의 탄압으로 중앙총무원 주도의 불교계 통일 운동은 주춤해졌으나, 총독부의 간섭을 벗어나기 위한 노력은 계속되었다. 이를 위해서는 무엇보다 총본산 설립이 시급했다. 조선불교의 자주성을 지키기 위해서는 조선의 불자와 스님들 스스로의 힘으로 총본산을 설립하는 것이 필수적이었다. 10년 넘게 지지부진하던 총본산 설립을 촉발한 것은 아이러니하게도, '박문사(博文寺)'를 총본산으로 삼아 한국불교를 장악하려 한 일제의 움직임이었다.

박문사는 1909년 안중근 의사의 손에 죽은 이토 히로부미(伊藤博文)를 기리는 사찰로 1936년 우리나라에 들어와 있었다. 이 소식이 알려지자 일부 스님들은 일제의 개입을 역으로 활용하여 총본산을 설립, 불교 통일 운동을 완성하고자 했다. 중앙총무원 활동에 비협조적이던 친일 승려들도 총본산 설립에는 찬성했다. 일제의 뜻은 총본산을 통해 한국불교를 장악하는 것이었고, 한국불교 통일 운동을 주도한 스님들은 일제를 이용해 총본산을 설립한 후 한국불교에 유리한 방향을 정립하는 것이었다. 서로 목적은 전혀 달랐으나 총본산 설립은 오히려 순탄하게 진행되었다.

총본산 설립의 첫걸음

1937년 총독부는 '총본산의 권위는 관의 권한에 의지하는 것보다 불교계 자체의 힘에 의지해야 한다'며 총본산 건설을 인가했다.

총본산 설립의 시작은 법당 건축이었다. 처음에는 일본 사찰 양식으로 건축된 각황사를 철거하고 건물을 이전·개축하는 방향으로 회의가 진행되었고, 당시 교무원에서 사용하고 있던 지금의 조계사 자리가 법당 위치로 결정되었다. 그러나 논의 과정에서 총본산의 완전 신축보다는 정읍에 있던 보천교(普天敎) 십일전(十一殿) 건물을 이축하는 것으로 뜻이 모아졌다.

동학농민혁명의 근거지인 전라북도 정읍에서 시작된 보천교는 실의에 빠진 민중을 다독이고 암울한 시대를 극복하고자 한 종교 운동이다. 동학 정신을 계승하며 한때 수백만 민중의 신앙이었던 보천교는 스님들과 함께 항일봉기를 주도하고, 민족해방운동가들과 긴밀한 관계를 유지하며 물산장려운동을 펼치는 등 다양한 방법으로 일제에 대항하였다. 보천교를 예의 주시하던 일제는 1919년 3·1 독립 만세운동 이후 보천교 조직을 대규모로 검거했다. 교도 수십 명이 고문 끝에 목숨을 잃었으나 무력을 바탕으로 강제로 보천교를 없애는 것은 불가능했다. 그러자 일제는 보천교를 괴뢰 집단이라고 매도하는 한편 내부 분열을 유도했다. 1922년,

보천교 십일전.

결국 보천교는 일제에 조직이 노출되는 위험을 감수한 채 생존을 위해 종교단체로 관에 등록할 수밖에 없었다.

종교단체로 등록한 보천교는 1925년 전라북도 정읍에 대성전을 건립하는데 이 과정에서 엄청난 저력을 발휘한다. 2만 평 부지에 전각 45채, 부속 건물 10여 채를 갖춘 것은 물론 중심 법당인 십일전은 건평 136평에 총공사비 50만 원, 공사 기한 5년이 소요된 당대 최고의 웅장함을 갖춘 건물로 완성한 것이다. 이는 조선총독부가 남산에 건립한 조선신궁(朝鮮神宮)을 훨씬 웃도는 규모였다. 하지만 1936년 교주 월곡 차경석이 세상을 떠나자 구심점을 잃은 보천교는 일제의 탄압을 버티지 못하고 결국 무너지고 말았다.

일제는 경찰을 동원하여 보천교 건물을 수색해 도금된 성상과 제단을 빼앗은 뒤 시설을 철거하고 주요 간부들을 연행했다. 그리고 보천교가 성전 바치기를 거부하자 보천교 재산처리위원회라는 유령 단체를 내세워 재산 포기 각서를 만들어낸 후 건물을 경매에 부쳤다. 보다 못한 정읍의 유지가 보천교 성전에 병원과 학교를 세우고자 경매에 참여했으나 반대에 부딪혔다. 일제의 목적은 보천교를 완전히 없애는 것이었기에 조선인은 아무리 높은 금액을 불러도 낙찰받을 수가 없었다. 총공사비 50만 원을 들여 완공한 보천교 십일전은 일제가 만든 유령 인물인 에도 쵸오지로오(江戸長次)에게 500원에 낙찰되었다. 이러한 상황에서 불교계가 총본산 건립을 위해 1만 2천 원을 지불하고 보천교 십일전을 매입한 것이다.

조선불교조계종 총본산 태고사의 건립

1937년 3월, 보천교 십일전의 철거가 시작되었다. 철거는 2개월에 걸쳐 완료되었고, 철거와 함께 석재와 목재를 종로까지 운반하는 데 1개월이 넘게 걸렸다. 그만큼 보천교 십일전은 웅장한 규모였고 최상의 자재로 구성되어 있었다.

대웅전 공사 모습.

　십일전의 석재와 목재를 사용한 대웅전 불사는 장장 20개월에 걸친
공사 끝에 1938년 10월 완공되었다. 대웅전이 터를 잡은 현재의 조계사
자리는 우리 민족의 독립운동과도 깊은 연관을 가지고 있었다. 3·1 독립
선언서를 인쇄한 보성인쇄소가 있던 곳이 바로 지금의 조계사 자리였던
것이다. 이미 1927년 5월에 교무원과 불교사, 조선불교소년회 등 불교 관
련 기관과 단체들이 이 자리로 이전해 와 한국불교의 새로운 도약을 준
비하고 있던 터였다.

　또한 앞선 각황사 법당이 일본식 건물이었다면 보천교 십일전을 이전

한 대웅전은 조선의 전통적인 목조 건축이었다. 이축 공사는 경복궁 중건 때 도편수를 맡았던 최원식이 도편수를, 창덕궁 대조전 중건 당시 도편수였던 임배근이 부도편수를 맡았다. 목공 7,000명, 와공 200명, 나공 150명, 석공 250명 등과 기타 인부까지 포함해 연인원 6만 5,000여 명이 참여한 대역사였다.

1938년 10월 25일, 대웅전 낙성식이 거행되었다. 마침내 한국불교 총본산을 상징하는 대웅전이 탄생한 것이다. 한국불교 총본산을 상징하는 대웅전 건립은 실의에 빠져 있던 조선 민중들의 마음에 희망의 씨앗이 되었다. 불교에 대한 일제의 개입에 유연하게 대처하며 완공된 대웅전은 보천교와 달리 탄압을 피할 수 있었다. 자주 불교와 항일 민족운동의 거점을 얻은 것이다.

총본산 대웅전 건립 후 대두된 문제는 '명칭'이었다. 총본산은 단순 사찰이 아니기에 기존 사찰에 포함시킬 수는 없었다. 여러 차례 회의를 통해 고려시대 불교 중흥에 힘을 쏟은 태고 보우대사가 주석하였던 삼각산 태고사를 이전해 오는 형식을 빌려 '태고사'로 명칭이 결정되었다. 조선불교의 숙원이었던 조선불교 통일기관인 총본산을 세우는 데 있어 단순히 신축하지 않고 당시 조선을 대표할 만한 건축물인 보천교 십일전을 이축하여 법당의 외관을 갖추고, 월출산 도갑사의 불상을 모셔 총본산의 주불로 모시는 한편, 오래된 전통 사찰 태고사의 명의를 쓰고자 한 것은 그만큼 이 땅의 고유한 불교의 모습을 되찾고자 하는 노력의 결실이었다고 할 수 있다.

1941년 4월, 총독부는 종명과 명칭의 개정안을 모두 인가했다. 그리하여 조선불교조계종 총본산 태고사가 탄생, 기나긴 총본산 건립운동이 한 매듭을 지었다.

3.
해방 후 불교의 발전과
조계사 중창불사

독립운동의 정신과 영혼을 기리다

1945년 8월 15일, 조선은 마침내 일제의 사슬에서 풀려나 광복을 맞이했다. 독립과 광복은 불교가 도약하는 큰 계기가 되었다. 국민들은 새로운 나라를 건설하는 데 의욕적으로 매진하는 한편 종교 활동에도 열의를 보였다. 일제 치하에서도 조선의 자주성과 독립을 추구해온 불교계는 이런 분위기에서 독립된 조국의 정신을 기리는 일에 적극적으로 참여했다. 그 중심에 조계사가 있었다.

광복 직후인 1946년 초, 대한민국임시정부의 초대 주석 김구 선생은 박열 선생에게 윤봉길(1908~1932) 의사의 유해 봉환을 간곡하게 부탁했다. 일본에 있던 박열 선생은 서상한, 이강훈과 함께 '대한순국열사 유골 봉환회'를 조직하고 일본에서 순국한 윤봉길, 이봉창, 백정기 삼의사(三義

士)의 유해 봉환을 본격적으로 추진했다.

유골봉환회는 이치가야, 나가사키에서 이봉창, 백정기 선생의 유해를 찾았다. 그러나 윤봉길 선생의 시신은 매장된 장소를 찾을 수가 없어 어려움에 봉착했다. 하지만 박열 선생은 포기하지 않았고 1946년 3월 2일 윤봉길 선생이 순국한 가나자와에서 재일교포 청년들과 함께 육군묘지와 공동묘지, 관리사무소 등을 수색한 끝에, 3월 6일 관리사무소와 쓰레기 하치장 사이의 좁은 통로에서 선생의 유해를 발굴했다.

윤봉길, 이봉창, 백정기 삼의사의 유해는 도쿄를 거쳐 1946년 5월 15일 부산으로 봉환되었고, 6월 16일 서울역에 도착하여 수많은 국민의 애도 속에 조선불교조계종 총본산 태고사(현 조계사)에 안치되었다. 조국과 민족을 위해 몸과 마음을 헌신한 삼의사의 빈소가 대웅전에 마련되자 추모의 발길이 끊임없이 이어졌다. 국민장이 치러질 때까지 태고사의 스님들은 국민들과 함께 밤낮으로 정성을 다해 세 분의 영혼이 광복을 맞은 조국에서 편히 잠들 수 있도록 기도했다. 이후 세 분의 유해는 효창공원에 나란히 모셔졌다. 1962년 대한민국 정부는 건국훈장 중 가장 격이 높은 '대한민국장'을 추서하여 윤봉길 의사의 업적을 기렸다.

조계사에는 이렇듯 독립을 위해 꽃다운 목숨을 기꺼이 바친 순국열사의 넋이 깃들어 있다. 아마도 조계사를 찾은 사람들이 우리 선조의 희생과 헌신을 떠올리며 감사한 마음을 가져준 덕분에 선조들의 영혼이 흐뭇한 미소를 지으며 극락으로 향하지 않았을까.

비구승 중심의 불교 혁신 운동

1940년 이후 조선불교 총본산 태고사는 조선불교를 대표하는 사찰로 자리매김했다. 덕분에 1945년 8월 15일, 일제의 무조건 항복선언과 함께 찾아온 광복 이후에도 불교계는 혼란 없이 태고사를 중심으로 결집할 수 있었다.

1945년 9월, 태고사 대웅전에서 전국승려대회가 개최되어 새로운 교단 체계와 지도부 개편을 진행했다. 광복 이후 가장 큰 쟁점은 친일불교를 청산하고 불교 교단을 정화하는 것이었다.

일제강점기 총독부는 사찰령을 제정하여 모든 사찰을 통제하는 한편, 조선의 승려들에게 결혼을 허용하고, 이른바 대처승들을 중심으로 사찰의 주지를 임명하였다. 광복 이후 부처님의 정법 실현을 외치며 수행에 전념해온 스님들과 일부 재가자들은 청정 비구승에게만 승적을 부여하자는 불교 정화를 주장했다. 하지만 당시 승적을 지닌 1만여 명의 스님 중 대부분이 대처승이었고 독신 비구승의 숫자는 1천 명 남짓에 불과했다. 게다가 대처승 중에는 총무원과 전국 사찰의 소임자로서 기득권을 가진 이들이 많았다. 세속적인 이해를 추구하는 이들의 힘은 컸다. 그러나 수적 열세에도 불구하고 부처님의 가르침을 따르고자 하는 혁신 운동은 계속되었고, 이는 대중들에게 큰 공감을 불러일으켰다.

조계사 대웅전에서 개최한 역사적인 전국승려대회(1955. 8. 12~13). 비구승 측이 주도한 승려 대회가 난관에 부딪히자 당시 대통령 이승만은 비구·대처 양측의 합의에 의한 조속한 정화를 지시하였다. 이에 비구·대처 양측 대표가 참석한 사찰정화대책위원회를 재개최하여 승려 대회가 열렸다.

태고사에서 조계사로

이러한 상황에서 1950년 한국전쟁이 발발했다. 전쟁 중에도, 전쟁이 끝난 후에도 불교 정화를 위한 노력은 계속되었다. 하지만 불교 공식 행사에도 대처승들이 머리를 기른 채 양복을 입고 참석할 만큼 계율은 무너져가고 있었다.

불교 정화에 대한 목소리가 커지는 가운데 그동안 수행에 전념해온 석우, 효봉, 동산, 금오 등의 선사들과 청담, 경산, 구산, 탄허, 지효 등의 중견 수좌들이 앞장서서 '왜색 불교 척결과 비구 중심의 전통 회복'을 주장하며 불교 정화운동을 결행했다. 여론도 비구 승단을 지지하기 시작했다.

1954년 11월 10일, 동안거 결제일을 맞아 태고사 법당에서 농성에 들어간 비구 스님들은 종단의 명칭을 조계종으로 정하고 '불교조계종중앙종무원'을 설립하였으며, 태고사 현판을 조계사로 바꾸었다. 대처승들이 태고 법통을 주창했기에 청정 비구승들이 종지 종풍의 연원이 있는 조계를 이름으로 쓴 것이다. 처음으로 '조계사' 현판이 걸린 역사적 순간이자 태고사의 명칭이 조계사로 바뀌는 순간이었다.

그 후 비구 승단의 치열한 노력 끝에 조계사는 청정 비구 승단이 인수하게 되었고, 조계사는 불교 정화운동의 상징이 되었다. 1955년 8월 12~13일에는 불교 정화운동의 분수령을 이루는 전국승려대회가 조계사에서 개최되었다. 이틀간의 승려대회를 마친 비구승들은 종단의 사무인계를 받고 해인사, 통도사, 송광사, 범어사, 개운사, 봉은사, 봉선사, 용주사, 전등사 등 19개 사찰 주지의 명단을 정부에 제출했다. 이로써 정화운동은 일단락되었다.

1955년 승려대회는 당초 목표한 비구승 중심의 종단 재건, 대처승 배제, 사찰 정화, 한국불교 전통의 회복 등 일제시대가 남긴 유산과 혼란을 극복하고 한국불교의 새로운 앞날을 향하는 이정표였다. 이 과정을 통해 조계사는 한국불교의 총본산으로서 그리고 전국 스님들의 뜻과 의지를 결집한 도량으로서 이름을 널리 알렸고, 정부와 사회로부터 전통을 공인 받기에 이르렀다.

교세의 성장과 조계사 중창불사

조계사 대웅전 건축 이후 한국불교는 양적으로 크게 팽창하기 시작했다. 조선총독부에서 작성한 자료를 살펴보면 1923년 당시 조선 인구가 1,700만 명일 때, 불교 신도는 16만 2,892명으로 36만 8,500명의 신도를 가지고 있는 기독교에 비해 절반 정도의 교세였다.

그러나 일제 말기인 1942년에 오면 기독교 신도 수는 38만 2,802명으로 큰 변화가 없지만 불교 신도 수는 24만 4,795명으로 대폭 증가한다.[*] 이러한 성장세에는 여러 요인이 있었겠지만, 불교 총본산의 설립과 이를 기점으로 조선의 불교계가 단일화된 근대 교단 체제를 확립한 것이 가장 큰 영향을 미쳤다고 볼 수 있다.

일제 치하에서 해방되고 대한민국이 수립된 이후 국민들의 종교적 자유가 마음껏 허용되면서 불교 신도는 더욱 폭발적으로 늘어났다. 통계청의 1985년 주택 및 인구 센서스 조사에 따르면 불교 신도는 805만 9,624명에 이르렀다. 이는 개신교 648만 9,282명, 천주교 186만 5,397명을 크게

---

[*] 일제 치하에서는 일본불교 신도로 분류되는 신도 수도 많았다. 조선총독부 집계에 의하면 일본불교 신도 수는 36만 2,587명이었다(1944년 9월 12일, 《매일신보》, 〈公認은 新, 佛, 基 三敎〉).

앞지르는 것으로, 불교가 명실공히 한국인의 최대 종교로 자리 잡았음을 보여준다.

교세 확장과 신도 수의 증가는 사찰 도량으로서 조계사의 위상에도 큰 영향을 미쳤다. 2000년대에 들어설 무렵 조계사는 신도 수만 2만 5,000여 명에 이르는 대찰로 성장한다. 하지만 처음 건축한 대웅전 외에 변변한 건물과 부대시설을 갖추지 못해 수행 공간이 턱없이 부족했고, 도심 한복판 빌딩숲에 갇혀 도량으로서의 위용과 수행 및 기도처로서의 고즈넉한 풍모를 갖추지 못한 상태였다. 이에 조계사는 1990년대부터 주변의 부지들을 사들이면서 중창불사를 도모했고, 마침내 2004년 11월 1일 대대적인 '조계사 성역화 기본계획'을 발표했다. '조계사 성역화 기본계획' 이전에도 조계사 주지 스님과 신도들은 조계사의 도량 면모를 갖추기 위한 노력을 지속해왔다.

당시 조계사는 대웅전과 앞마당 그리고 총무원 청사 등 아주 작은 영역을 제외하고는 주변이 온통 주택과 건물, 상가와 식당 등에 둘러싸여 있어 좁은 골목을 지나야만 조계사 마당에 들어설 수 있었고 외부, 특히 우정국로에서는 조계사가 어디 있는지조차 잘 보이지 않는 상태였다.

이 와중에 조계사 사부대중은 힘을 모아 인쇄소, 식당, 상가건물 등을 매입하여 꾸준히 조계사 영역을 확보하는 데 주력해왔다. 이러한 노력의 결과로 지금과 같은 규모의 도량이 갖춰지게 되었고, 조계사의 위상과 역할에 걸맞은 도량을 새롭게 조성하기 위해 '성역화기본계획'을 수립하게 된 것이다.

조계사 창건 이후 가장 큰 중창불사이기도 한 조계사 성역화 계획은
2009년까지 총 250억 원을 투입해 한국불교 총본산의 위상에 걸맞은 도
량의 면모를 갖추고, 서울 도심의 문화 중심 공간으로서 조계사를 정비
한다는 계획이었다.

불사가 완료되면 조계사는 스님들의 교육·신행·수행의 공간은 물론
포교 활동과 신도들의 수행 및 모임 공간으로서의 기능을 모두 포괄할
터였다. 또한 경복궁-인사동으로 이어지는 문화벨트를 형성하면서, 서
울의 문화 중심 공간으로 새롭게 태어나고, 서울 시민과 외국인 관광객
에게는 불교 문화를 체험하는 열린 휴식 공간의 역할까지 할 수 있다는
대담한 구상을 가지고 있었다.

217점의 대웅전 상량 유물 발견

성역화 계획 착수 이전에 이미 조계사 대웅전은 보수 공사가 필요한 상황
이었다. 2000년 조계사 대웅전과 당시 주불이었던 목조석가모니부처님, 그
리고 후불탱화가 서울특별시 유형문화재로 지정되었다. 대웅전의 문화적
가치가 공인되고 있는 상황이었지만, 준공된 지 60여 년이 지나는 동안 대
웅전 상부구조의 파손은 심각하였다. 이에 조계사는 2002년 구조 안전 검
토를 시작으로 정부의 지원과 불자들의 후원 속에서 대대적인 보수 공사
를 시작했다.

그런데 보수 공사가 한창이던 2003년 7월 28일 오전 10시경, 대웅전 최초 불사 당시 민초들과 불자들의 간절한 염원을 담은 상량 유물이 대량 발견되었다. 대웅전 해체 복원 과정에서 종도리를 받치는 통장혀(도리 밑에서 도리를 받치고 있는 길고 모진 나무) 중앙 부분의 장방형 홈 사이에 상량문과 더불어 잠들어 있던 총 217점의 유물이 나온 것이다.

이때 발견된 상량 유물은 조계사가 한국불교에서 차지하는 위치와 위상을 보여주는 동시에 당시 불교계의 단면을 엿볼 수 있는 귀중한 근대 불교 문화유산이라 할 만하다. 또한 조선에서 근대로 넘어가는 일제 치하 과도기의 문화상을 고스란히 반영하고 있는 유물들이 대부분이어서 근대 문화사와 생활사 연구에 많은 도움이 되는 소중한 자료들이기도 하다. 조계사는 이 유물들을 하나하나 고증하고 연구 조사를 거친 뒤, 2012년 10월 불교중앙박물관으로 이관하였다.

당대 최고 장인들이 참여한 대웅전 보수 공사

창건 당시부터 당대 최고의 건축물로 손꼽힌 조계사 대웅전의 재건은 불교 건축사에 길이 남을 불사였다. 2002년부터 2006년까지 4년여에 걸친 대웅전 보수 공사에는 국내 최고의 장인들이 참여했다.

단청을 맡은 김한옥 단청장은 당시 단청기술자협회장으로 40여 년간 현장에서 활동해온 대가였다. 조계사 대웅전 단청 보수를 마치고 1년이 지난 뒤, 그는 단청의 제작과정과 내용을 담은 《단청도감》(2007, 현암사)을 펴내기도 했다. 대웅전 불단과 닫집, 영단, 신중단 좌대 등의 목조각은 이창훈 장인이 맡았다. 대들보에 조각된 용과 봉황을 장엄한 아름다운 단청, 천장의 연화문, 그리고 전통기법 그대로 재현한 닫집에는 김한옥 대가와 이창훈 장인의 혼이 담겨 있다.

마루 공사에는 무형문화재 대목장인 아버지의 뒤를 이어 2대째 목수 일을 하는 전준헌 대목수가 참여했다. 문화재 보수 기술자인 그는 강원도 육송을 사용해서 전통 우물마루를 설치했고, 장귀틀(세로로 놓는 가장 긴 마루의 귀틀)과 동귀틀(마루의 장귀틀과 장귀틀 사이에 가로로 걸쳐서 마룻널을 끼는 짧은 귀틀)을 서로 끼워 맞추는 전통 방식을 고수했다. 은은한 소나무 향기를 머금은 조계사 대웅전 마루에서 못 하나 찾아볼 수 없는 이유다.

마음과 정성이 모여 진행된 4년여의 재건 불사는 훌륭하게 마무리되었다. 그렇게 장인들의 숨결을 머금은 조계사 대웅전은 재건 불사를 통해 새로운 천년을 시작했다.

일주문에서 사적비까지 계속된 중창불사

2002년 대웅전 보수 공사를 시작으로 일주문과 사천왕상이 새롭게 세워졌고, 극락전과 대설법전, 소설법전, 범종루와 도심포교100주년기념관의 관음전과 승소, 조계사 불교대학, 안심당 등 대중 교육 공간과 수행 공간 등이 차례로 확대되어 오늘날과 같은 가람 배치를 이루었다.

고즈넉한 조계사의 밤 풍경.

조계사는 오랫동안 일주문이 없었으나 2005년 3월 12일 일주문 건립 기공식을 갖고, 2006년 10월 9일 현판과 주련을 달아 최종 완공하였다. 현판과 주련의 글씨는 당시 한국서예가협회장이던 송천 정하건 선생이, 그리고 서각은 국가무형문화재 제106호인 철재 오옥진 선생이 조성하였다.

2009년 10월 8일에는 조계사 회화나무 앞에 부처님 진신사리를 모신

8각 10층 석탑이 준공되었다. 과거의 조계사 부처님진신사리탑은 일제 강점기에 건립되어 우리나라 전통 양식에 맞지 않고 왜색을 띠고 있다는 지적을 받아왔다. 사리탑은 이러한 지적을 개선하고 부처님 진신사리를 여법히 모시고자 하는 사부대중의 염원을 반영하여 팔정도와 십선법을 상징하는 8각 10층으로 건립되었다.

같은 날 사적비 또한 준공되었다. 80년 역사의 한국불교 중심 도량에 사적비가 없음을 아쉬워하는 많은 스님들과 사부대중의 뜻을 반영하여 대웅전 우측면과 백송 사이에 사적비를 새로 세운 것이다. 사적비는 25자 높이로 9천 자에 가까운 사적을 담았다. 일본의 식민통치 일환인 한일 불교 통합 획책에 대응하여 진행된 한국불교 총본산 건립운동에서부터 현재에 이르기까지, 80여 년의 종단 근현대사를 담아 조계사의 연혁이 정리되었다. 사적비 비문은 제32대 총무원장 지관 스님이 작성하였고, 귀부와 이수는 장중한 고달사지 원종대사 탑비의 귀부와 이수를 바탕으로 하되, 중도 조화의 미덕을 갖춘 모습으로 제작되었다.

중창불사가 진행되면서 조계사는 도심 한가운데 자리 잡았으면서도 산속에 있는 고색창연한 전통 사찰 못지않은, 수행 도량의 면모를 하나씩 갖추어갔다.

도심 포교 1번지의 면모를 갖추다

조계사는 1킬로미터 반경 안에 경복궁, 창덕궁, 운현궁 등이 들어선 문화

여름철 ‘나를 깨우는 연꽃향기 축제’와 가을에 열리는 ‘국화향기 나눔전’은 서울을 대표하는
축제로 자리를 잡았다.

재 밀집 지역에 위치해 있고, 조계사 경내에만도 서울시 유형문화재 제125호 석가불도(후불탱화)와 제127호 대웅전이 들어서 있고, 국가지정문화재 보물 목조여래좌상, 천연기념물 제9호 백송, 서울시 지정보호수 회화나무(서1-9호)가 기개를 뽐내고 있는 문화 공간으로서도 사랑을 받고 있다.

연속된 중창불사로 조계사는 조계종 총본산의 위상, 도심 포교 중심지로서의 소임, 시민과 관광객들의 휴식과 문화 생활 공간이라는 세 가지 역할을 두루 갖춘 곳이 되었다.

오늘날 조계사는 신도나 불자들만의 공간이 아니라 그 이상의 역할을 하고 있다. 특히 서울 한복판에서 불교 체험을 할 수 있는 독특한 문화 공간으로 시민들의 사랑을 받고 있다. 삭막한 도시를 위로하기 위해 도량을 통째로 열어놓은 여름의 '나를 깨우는 연꽃향기 축제'와 가을의 '국화향기 나눔전'은 시민들에게 열렬한 호응을 받으며 서울을 대표하는 축제로 자리매김했다. 지역 특산물과 건강한 농산물을 만날 수 있는 장터 역시 시민들에게 인기 만점이다. 조계사 마당에서 판매하는 국화빵과 구운 가래떡 같은 전통 간식은 점심시간을 틈타 마음을 충전하러 오는 직장인들에게 많은 사랑을 받고 있다. 도심 속 작은 쉼터 역할을 하는 것이다. 아울러 조계사는 한국을 찾는 외국인들의 여행지 리스트에서 빠지지 않는 국제적인 명소로도 조명을 받고 있다.

사찰 도량의 발전과 신도 확충을 위한 노력, 그리고 조계사를 사랑하

도심 사찰인 조계사는 시민들의 친숙한 문화 공간, 불교 체험 공간의 역할도 수행한다.

는 시민들의 성원에 힘입어 조계사는 명실공히 한국불교 도심 포교 1번
지로서의 소명을 다하면서, 지나온 백 년을 돌아보고 앞으로 다가올 백
년의 꿈을 펼치고 있는 것이다.

화
보

사진으로 보는
조계사의 역사

조계사의 어제

조계사는 1910년,

조선불교의 자주화와 민족 자존 회복을 염원하는

스님들에 의해 '각황사(覺皇寺)'란 이름으로 창건되었다.

이후 1940년, 기나긴 총본산 건립운동 끝에 마침내

조선불교조계종 총본산 '태고사(太古寺)'가 건립되었고,

해방과 한국전쟁, 1955년 불교 정화운동을 거치며

지금의 '조계사(曹溪寺)'로 명칭을 바꿨다.

한국불교 1번지, 대한불교 총본산 조계사가 비로소 탄생한 것이다.

각황사 창건. 각황사는 불교계가 서울 사대문 안에 건립한 최초의 사찰로, 1910년 10월 27일에 창건되었다. 당시 불교계에서는 이 불사를 위하여 전국 사찰에서 백미 2천 석과 8만 냥의 거금을 모았다. 승려의 도성 출입과 사대문 안의 사찰 건립은 불교계의 숙원이었는데 각황사 창건으로 그 숙원을 풀게 되었다.

조계사의 건축 공사를 책임진 기술자와 인부들. 건립 당시 조계사의 명칭은 태고사였는데, 이 공사에 이용된 자재는 정읍의 보천교십일전 건물을 구입하여 활용하였다. 태고사는 한국불교 통일 운동을 목적으로 등장한 총본산 건립 운동의 일환으로 창건되었다.

1954 –

1954년 11월 10일,
조계사에 있던 총무원 청사에 '불교조계종중앙종무원' 현판을 붙이고 있다.

불교계 정화 단식 묵언기도 회향 기념. 1954. 5. 18

주한미군 모범용사 조계사 참배. 1964. 7. 17

1966

1966년 5월 3일,
불교 정화운동 후 조계사에서 첫 합동 보살계 수계대법회를 가졌다.

1971

1971년 9월 4일,
조계사 뒤에 위치한 총무원 청사 기공식. 당시는 불교회관으로 칭
하였는데, 현대불교사의 영욕을 함께한 건물이었다.

1984-

조계사의 일주문을 해체하는 장면.

조계사 중고등학생회 하계 수련회.

8월 24~26일 동안 진행된 진신치아사리 이운 법회.

1986 —

8월 24~26일 동안 진행된 진신치아사리 이운 법회.

2003 —

2003년 11월 덕왕전 해체 공사.

2004년 해탈문 모습.

부
처
님
오
신
날

부처님오신날은 단순히 종교적인 행사가 아니라

대한민국 국민 모두가 함께 즐기는 축제의 날이다.

특히 부처님오신날에 앞서 진행해왔던 연등회가

2012년 국가무형문화재 제122호로 지정된 후 연등축제는

부처님오신날을 장엄하는 진정한 세계인의 축제의 장으로 거듭났다.

또 불자들의 다짐과 발원을 담은 조계사 장엄등은

매년 화제를 모으고 있다.

부처님오신날 등 만들기.

1960 –

1960년대 봉축법요식.

부처님오신날 등을 접수하는 화주보살.

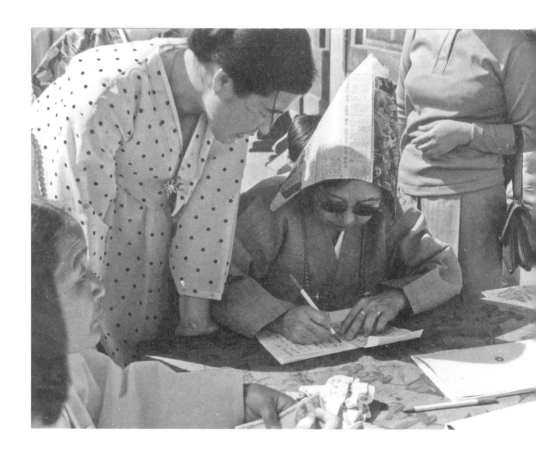

1972-

부처님오신날 조계사 봉축법요식 대웅전 앞.

1977-

부처님오신날 불자들에게 리본을 달아주는 청년 회원.

부처님오신날 봉축법요식 대웅전 앞.

부처님오신날 봉축법요식 조계사 정문 모습.

부처님오신날 조계사 청년회 흰코끼리 장엄물.

1986─

부처님오신날 조계사 학생회 제등 행렬.

세계를 불타의 품으로! 인류를 불타의 품으로!
조 계 사 학 생 회

부처님오신날 제등 행렬 중 조계사 학생회 팔모 장엄등 행렬.

부처님오신날 제등 행렬 중 조계사 여성교양대학 행렬.

1994–

부처님오신날 봉축법요식 조계사 야경.

조계사

1995

부처님오신날 봉축법요식에서 부처님과 십대제자.

2003—

조계사 청년회원들이 부처님오신날 전통등으로 일주문을 만들어
세웠다.

조계사

부처님오신날 조계사 동자승.

2020년 조계사 도량 장엄등.

Spirit and Culture of **Jogyesa**

2부 조계사의 얼과 문화

우리 민족에게 불교가 전래된 시기는 4세기 초반으로 추정된다. 그러다가 고구려는 소수림왕(小獸林王, 재위 371~384), 백제는 침류왕(枕流王, 384~385), 신라는 이보다 150여 년 늦은 법흥왕(法興王, 재위 514~540) 시대에 불교 공인이 이루어진다. 그래서 우리나라에는 천년 이상 된 고찰이 많이 존재한다. 이런 사찰들과 비교하면, 이제 갓 백 년을 넘긴 조계사의 역사와 문화는 매우 짧을 수밖에 없다. 그러나 조계사는 단순히 세월의 흔적만으로 비교할 수 없는 독특한 위상을 지닌 사찰이다.

조계사는 일제 치하에서 조선불교의 맥과 자주성을 살리기 위한 운동으로 태어났으며, 대한불교 총본산의 위상을 지니고 출범했다는 점에서 어떤 사찰과도 다른 특수성을 가지고 있다. 또한 조계사는 조선시대에 산으로 밀려났던 한국불교가 근대 시민의 삶의 공간인 도시로 진출하여 도심 포교의 거점으로 자리 잡음으로써, 근대 한국불교의 새로운 탄생과 도약을 알린 사찰이기도 하다.

이러한 특성 때문에 조계사에는 우리 불교의 새로운 이정표를 상징하는 역사적 자취와 숨결, 불교 문화가 곳곳에 배어 있다. 조계사의 모든 걸음은 한국불교와 불자들의 자긍심이며 한국불교 문화의 성취이고 새로운 가능성이다. 2부에서는 이러한 관점에서 조계사에 숨 쉬고 있는 얼과 문화를 살펴보기로 한다.

1.
대웅전

밤에 본 대웅전. 대웅전은 석가모니부처님을 주불로 모신 전각을 말한다.

대웅전
: 불교계의 염원을 담은 최고의 목조 건축물

서울특별시 유형문화재 제127호로 지정된 조계사 대웅전은 건평 229평의 팔작 다포식 건물로, 전통적인 아름다움을 지닌 대표적인 목조 건축물로 손꼽힌다. 대웅전(大雄殿)을 한자 그대로 해석하면 '큰 영웅을 모신 전각'이라는 뜻인데, 여기에서의 영웅은 모든 것에 걸림이 없는 분, 대자유인, 스스로를 극복하고 능히 자유자재로 조절할 수 있는 분, 하늘과 땅, 모든 존재로부터 마땅히 존경받는 분, 다시 말해 석가모니부처님을 의미한다.

조계사 대웅전의 골격은 보천교 십일전을 그대로 가져온 것이다. 1937년 3월 5일 개최된 제1회 총본산건설위원회에서는 당시 조선불교선교양종의 사무소 격인 각황사를 이전·신축하되, 그 양식을 일본 사찰 양식으로 된 각황사를 따르지 않고 우리의 전통 양식인 정읍 보천교 십일전을 옮겨 짓기로 결의했다. 조선 전통 양식을 따르기로 한 것은 불교계의 자주독립 의지를 담은 것이었고, 완전 신축이 아닌 십일전의 이축을 택한 데에는 재정이 부족했던 당시 교계의 사정이 어느 정도 반영된 것이기도 하다.

보천교 십일전을 해체해 옮기는 과정은 생각보다 복잡했다. 1937년 3월 26일부터 시작된 철거 작업은 5월 5일에야 마무리되었고, 철거한 석재와 목재를 서울로 운반하는 작업은 4월 7일에 시작해 5월 14일에야 완료되었다.

대웅전 건축 작업은 1937년 10월 12일에 상량식을 하고 11월 26일 개와(蓋瓦: 기와로 지붕을 잇는 것)를 끝으로 이축 공사를 마쳤다. 이듬해인 4월부터 6월까지는 단청 작업이, 7월부터 8월까지는 후불탱화 작업이 조성되었다. 전기 배선과 스팀 기관실 등 제반 시설 공사가 10월 10일에 마무리되어, 10월 25일에 낙성봉불식을 하였다. 1년 8개월에 걸친 대장정이었고 불교계의 정성과 마음이 하나로 모인 대 역사였다. 기나긴 숭유억불

대웅전 현판. 조계사 대웅전은 서울특별시 유형문화재 제127호로 지정되었다.

정책으로 금지되었던 도성 내 첫 사찰 건립인 동시에 사부대중이 간절히 바라던, 불교를 대표하는 총본산 건물인 만큼 당대의 명장들이 건립 불사에 동참하였다.

단청과 벽화를 비롯한 조계사 대웅전의 장엄을 맡은 인물은 당대 불교계 최고의 화사 금용일섭 스님(1900~1975)이다. 1972년 국가무형문화재 제48호 단청장으로 지정된 스님은 19세기와 20세기 불화의 전통을 이어준 근현대 최고의 화사였으며, 단청과 불화뿐 아니라 불상 조성과 개금 등 다양한 분야의 작품을 남겨 불교 미술을 중흥시켰다.

1900년 전남 화순에서 태어나 14살 때 순천 송광사에서 출가한 스님은 1922년 마곡사에서 스승 보응문성 스님을 만나 화사의 길에 들어섰다. 스님은 예술혼을 한창 꽃피우던 39살, 조계사 대웅전 건립에 동참해 화려하면서도 엄숙한 꾸밈으로 부처님의 집을 장엄했다.

대웅전 건립을 맡은 도편수 최원식은 경복궁 중건과 창덕궁 수리에 참여한 도편수 최백연의 제자로, 당대 최고의 목조 건축 전문가이자 장인이었다. 도편수란 조선 후기 궁궐이나 사찰 건축 공사 책임자를 부르는 말로, 다르게는 대목장이라고도 한다. 궁궐 목수 출신이던 최원식은 조계사 대웅전 건립을 위해 경복궁과 덕수궁 등을 상세히 조사하여 참고로 삼았다. 약 1년에 걸쳐 건립된 조계사 대웅전에 동참한 인부는 6만 5,000명이 넘었고 기술자는 7,500명에 달했다. 이 7,500명의 기술자 중 목공 기술자만 무려 7,000명이었다.

대웅전 현판은 조선시대 선조의 여덟째 아들 의창군 이광(1589~1645)이 쓴 화엄사 대웅전 현판 글씨를 탁본하여 조각했다. 선조가 가장 총애했던 후궁 인빈 김씨의 막내아들인 의창군은 당대 최고의 명필가로 완주 송광사, 지리산 화엄사, 내장사 등의 대웅전 현판을 썼다.

어느 곳 하나 소홀함 없이 조선의 마지막 얼과 자존심, 정성이 구석구석 담긴 조계사 대웅전은 경복궁 근정전과 함께 조선 최고의 전통 목조건물로 평가받는다. 도심 한복판에 세워진 사찰의 법당이 하루 수백, 수천 명에게 품을 내어주면서도 백 년 동안 당당하게 자리를 지켜올 수 있었던 것은 이처럼 건립에 동참한 모든 사람이 간절한 정성과 발원을 담았기 때문이다.

삼존불(三尊佛)
: 대웅전을 지키는 세 영웅

'대웅(大雄)'이란 일세의 영웅을 의미하는 말로, 부처님을 부르는 여러 칭호 중 하나다. 즉 대웅전은 영웅을 모신 전각인 셈이다. 조계사 대웅전에는 영웅이 무려 세 분이나 계신다. 수미단에 모셔진 삼존불은 각각 17자 반, 약 5.2m 크기의 불상으로, 단층 규모의 법당 불상으로는 국내에서 가장 크며 압도적인 위엄을 자랑한다. 중앙에는 석가모니부처님이 주불로 계시고, 부처님 오른쪽에 아미타부처님이, 왼쪽에 약사여래부처님이 자리 잡고 있다.

석가모니부처님의 수인(手印)은 항마촉지인(降魔觸地印)으로 조계사 목조 석가모니부처님과 같다. 서방정토에 머물면서 모든 중생을 구제하겠다는 48대원을 세운 아미타부처님은 양손 모두 엄지손가락과 가운뎃손가락을 맞대고 있다. 이는 하루 밤낮만이라도 계율을 지키고 아미타불을 염송하면 죽을 때 부처님이나 보살이 마중 나오고 극락정토에 왕생하여 반겁(半劫) 뒤에 아라한과를 얻는다는 것을 의미한다. 약사여래부처님은 고통받는 병자나 가난한 사람에게 자비를 베푸는 부처님으로 한 손에 약합을 들고 있다.

대웅전 석가모니부처님께 예를 올리고 오른쪽을 바라보면 현재의 고통과 괴로움을 위로받고, 왼쪽을 바라보면 내생의 행복을 약속받는다.

대웅전 수미단에 모셔진 삼존불은 각각 17자 반, 약 5.2m 크기의 불상으로, 단층 규모의 법
당 불상으로는 국내에서 가장 커 압도적인 위엄을 자랑한다.

부처님 도량을 옹호하는 호법신중을 모신 신중단.

지금 바로, 이 자리에서 깨달음을 얻는다면 이생에서의 괴로움도, 내생에 대한 두려움도 사라질 것이다. 대웅전을 지키는 세 분의 큰 영웅, 삼존불은 참으로 놀라운 진리를 그저 가만히 앉아서 보여준다.

대웅전 삼존불을 정면으로 바라보는 위치를 기준으로 오른쪽에는 신중단(神衆檀)이 있다. 신중은 부처님 도량을 옹호하는 호법선신을 말한다. 불교에서는 이 신중님을 잘 모시는 것도 매우 중요하다. 신중님은 우리가 부처님을 너무 아득히 먼 곳에 계시다고 느낄 때, 우리의 손을 덥석 잡아서 씩씩한 걸음으로 부처님께 인도해주는 분들이다. 조금 무서운 얼굴을 하고 있지만 속내는 여리고, 알면 알수록 친근한 분이 바로 신중님이다. 조계사는 매달 신중기도를 올린다. 저 높은 곳에 계신 부처님과 달리 신중님이 바로 우리 곁에 계시다고 느끼기 때문이다.

신중단 반대편인 왼쪽에는 돌아가신 분들을 모신 영단(靈壇)이 설치되어 있다.

목조 석가모니부처님 (목조여래좌상)
: 온화하고 아름다운 미소

조계사 대웅전에 지금의 삼존불상을 모신 것은 중창불사가 진행된 2006년 11월이다. 창건 당시에 봉안돼 80년 넘게 대웅전을 지켜온 부처님은 대웅전 수미단 오른쪽 아래 고요히 앉아 계신다. 1m 남짓의 아담한 불상은 진리를 통해 중생을 제도한 당당함과 중생을 고통에서 건지는 온화함을 두루 갖춘 오묘한 아름다움을 자랑한다.

당초 나무로 제작하여 개금을 마친 조계사 목조 석가모니부처님(목조여래좌상)은 1938년 전라남도 월출산 도갑사에서 모셔왔다. 2020년 11월 국립중앙박물관·미술사연구회가 주최한 학술대회 논문에 따르면, 조계사 목조 석가모니부처님의 대좌를 덮은 상현좌와 삼각형으로 접힌 옷주름 표현, 조각하지 않은 보살상 두부 등으로 볼 때, 조선 전기 제작 양식을 보인다. 또한 이 부처님은 관음·지장 보살입상 혹은 관음·세지로 추정하는 천의보살입상(天衣菩薩立像)과 함께 삼존불의 일부였던 것으로 추정된다고 기술하고 있다.

이를 바탕으로 조계사 목조 석가모니부처님에 대한 연구조사를 2021년 1월부터 진행하여 종로구청을 통해 서울시에 국가지정문화재 승격 요청을 하였다. 그리고 서울시 문화재 심의를 거쳐 2021년 9월 7일 문화재청에 국가지정문화재 신청이 이루어졌다. 이듬해 2022년 2월 28일 문

국가지정문화재 보물로 지정된 조계사 목조여래좌상.

화재청에서 조계사 목조여래좌상을 국가지정문화재로 지정 예고하였고, 4월 26일 드디어 국가지정문화재 보물로 지정하였다. 조성 연대와 양식뿐만 아니라 1938년 일제 강점기에 조계사 대웅전 낙성에 즈음하여 왜색 불교의 배척과 조선불교의 자주성, 정통성 확보를 위해 영암군 도갑사에서 이안하여 봉안한 조계사 목조여래좌상의 불교 문화재로서의 역사적 가치를 높이 평가한 것이 지정 배경이었다.

영산회상도(석가불도)
: 서울시 유형문화재 제125호

조계사 목조 석가모니부처님 뒤에 있던 영산회상도는 금용일섭 스님의 작품으로, 송파 스님과 보경 스님이 함께 참여한 것으로 알려져 있다. 보통 대웅전의 석가모니부처님 뒤에는 불상을 장식하기 위한 탱화가 그려져 있는데, 이를 후불탱화라 하며 영산회상도가 가장 많다.

영산회상도는 영산(영축산)에서 부처님이 법문을 설하시고 이를 듣기 위해 제자들과 대중들이 모여 있는 그림으로, 《법화경》을 설법하는 장면이기도 하다. 조계사 대웅전 영산회상도의 가장 큰 특징은 등장인물이다. 본존 석가모니부처님 양옆을 지키는 보살은 관세음보살과 지장보살이다. 일반적으로 석가모니부처님의 협시보살은 문수보살과 보현보살로 각각 지혜와 실천을 상징한다. 반면 관세음보살은 극락정토를 다스리는 아미타부처님의 협시보살로 우리에게 가장 친숙한 이름이다. 금용일섭 스님은 일제의 탄압으로 고통받는 우리 백성들을 보듬어줄 불보살님을 함께 그림으로써 나라를 잃고 실의에 빠진 백성들의 마음을 위로한 것이 아닐까? 중생을 따뜻하게 안아주는 관세음보살과 지장보살이 석가모니부처님과 함께 있는 조계사 영산회상도는 근대의 보기 드문 대작으로 인정받고 있으며, 2000년 7월 15일 서울시 유형문화재 제125호로 지정되었다. 현재 대웅전 후불 벽에 보관되어 있다.

조계사 영산회상도, 1938년, 302×405cm.

2.
대웅전 주련과 꽃살문, 벽화

大雄殿

대웅전 현판 아래로 여덟 개의 기둥에 걸린 주련과 아름다운 꽃살문을 만날 수 있다.

주련
: 석가모니부처님과 관세음보살님을 찬탄하다

조계사를 방문하면 부처님을 모신 대웅전 안으로 발을 들이기에 앞서 먼저 만날 수 있는 두 가지 보물이 있으니, 바로 대웅전 기둥에 새겨진 주련과 꽃살문이다.

먼저 주련을 살펴보자. 주련은 기둥(柱)마다 시구를 연(聯)하여 걸었다고 해서 주련이라 부르는데, 불교 건축물에서는 부처님의 말씀이나 고승의 법문을 축약한 문구, 중요한 게송 등을 적는다. 주련의 내용이 주로 부처님의 가르침을 인용하거나 삼보를 찬탄하는 내용이기 때문에 삼보에 대비해본다면 법보에 해당한다.

조계사 앞마당에서 대웅전 정면을 바라보면 대웅전 현판 아래로 오른쪽부터 왼쪽 끝까지 여덟 개의 기둥이 서 있고, 기둥마다 주련이 걸려 있다. 각 연은 5언 2구로 열 글자씩 적혀 있는데, 내용은 다음과 같다.

世尊坐道場　淸淨大光明 (세존좌도량　청정대광명)
세존께서 도량에 좌정하시어 청정한 대광명을 놓으시니

比如千日出　照曜大千界 (비여천일출　조요대천계)
마치 천 개의 태양이 솟아올라 대천세계를 비추는 것과 같아라

劫火燒海底　風鼓山相擊 (겁화소해저　풍고산상격)

영원히 꺼지지 않는 불이 바다 밑을 태우고 바람이 수미산을 거꾸러뜨려도

眞常寂滅樂　涅槃相如是 (진상적멸락　열반상여시)

진실로 적멸은 즐거움이니 열반의 모습도 이와 같다네

若人欲了知　三世一切佛 (약인욕료지　삼세일체불)

만일 누구라도 삼세의 모든 부처님을 알고자 한다면

應觀法界性　一切唯心造 (응관법계성　일체유심조)

마땅히 법계의 모든 성품이 모두 마음으로 이루어졌음을 관하라

諸法從本來　常自寂滅相 (제법종본래　상자적멸상)

모든 법은 본디 항상 적멸의 모습이니

佛者行道已　來世得作佛 (불자행도이　내세득작불)

불자가 도리에 따라 행하면 내세에는 성불하리라

대웅전 앞쪽 주련이 끝나는 곳에서 몸을 돌려 대웅전 뒤쪽으로 향하면
여덟 개의 기둥에 나란히 적혀 있는 또 다른 주련이 기다리고 있다. 관세

음보살님을 찬탄하는 7언 2구의 시로, 각각 14자씩으로 구성되어 있다.

因修十善三祇滿　果修千華百福嚴 (인수십선삼기만　과수천화백복엄)

한량없는 긴 세월 열 가지 선을 닦은 인연으로

천 가지 영화와 백 가지 복을 누리시는

逈寶山王碧海間　佩珠瓔珞白衣相 (형보산왕벽해간　패주영락백의상)

보타낙가산 관세음보살께서 푸른 바다에

 패주와 영락으로 꾸민 흰 옷 입은 모습으로 나투시네

一音淸震三千界　七辯宣談八諦門 (일음청진삼천계　칠변선담팔제문)

맑은 한 소식으로 삼천계를 울리며

일곱 가지 말솜씨로 팔성제의 문을 쉽게 설하시니

運悲隨願應群機　此界他方拯六趣 (운비수원응군기　차계타방증육취)

중생의 근기에 맞는 원력과 자비로

이 세상에서 다른 세상으로 가는 육도를 건지시네

俱爲五濁岸邊舟　盡作三途昏處月 (구위오탁안변주　진작삼도혼처월)

다섯 가지 탁한 기운이 가득한 이 세상에 피안 가는 배를 띄워

삼도(아귀, 축생, 지옥) 어지러운 곳에 달빛을 밝히시고

能以妙手執蓮華　接引衆生逈樂邦 (능이묘수집연화　접인중생형락방)

능히 오묘한 손길로 연꽃을 잡으시며

중생을 맞이하여 낙토로 이끄시네

有山有水乘龍虎　無是無非伴竹松 (유산유수승룡호　무시무비반죽송)

산과 물이 있어 용과 호랑이가 즐겁고

시비가 없어 소나무와 대나무를 벗하니

靈鷲昔曾蒙授記　而今會在一堂中 (영축석증몽수기　이금회재일당중)

옛적 영축산에서 수기 받은 이들이

지금 한 집에 모여 있네

언젠가 반드시 부처가 될 것을 부처님께서 약속하고 증명해주시는 것을 수기라고 한다. 대웅전 부처님을 뵙기 전, 기둥을 따라 걸으며 나는 부처가 되리라는 마음으로 다짐을 해보는 것은 어떨까. 우리는 모두 이미 불성을 가진 부처라고 부처님께서 말씀하시지 않았던가. 다만 이를 깨닫지 못한 자와 깨달은 자가 있고, 부처의 행을 실천하는 자와 그렇지 못한 자가 있을 뿐이다.

대웅전 앞쪽 기둥에 걸려 있는 주련. 오른쪽 맨 끝에서부터 왼쪽 끝까지 여덟 개의 기둥에 붙어 있다.

7

제법종본래
상자적멸상
모든 법은 본디
항상 적멸의
모습이니

8

불자행도이
내세득작불
불자가 도리에
따라 행하면
내세에는
성불하리라

5

약인욕료지
삼세일체불
만일 누구라도
삼세의
모든 부처님을
알고자 한다면

6

응관법계성
일체유심조
마땅히 법계의
모든 성품이
모두 마음으로
이루어졌음을 관하라

並尊坐道場清淨大光明

1

세존좌도량
청정대광명
세존께서 도량에
좌정하시어
청정한 대광명을
놓으시니

比如千日出照曜大千界

2

비여천일출
조요대천계
마치 천 개의
태양이 솟아올라
대천세계를
비추는 것과 같아라

3

겁화소해저
풍고산상격
영원히
꺼지지 않는 불이
바다 밑을 태우고
바람이 수미산을
거꾸러뜨려도

劫火燒海底風鼓山相擊

真常寂滅樂涅槃相如是

4

진상적멸락
열반상여시
진실로 적멸은
즐거움이니
열반의 모습도
이와 같네

대웅전 뒤쪽 기둥에는 각각 14자씩으로 구성된 주련이 걸려 있다.

7

유산유수승룡호
무시무비반죽송
산과 물이 있어
용과 호랑이가
즐겁고 시비가 없어
소나무와 대나무를
벗하니

有山有水來龍虎無是無非伴林松

5

구위오탁안변주
진작삼도혼처월
다섯 가지 탁한 기운이
가득한 이 세상에
피안 가는 배를 띄워
삼도(아귀, 축생, 지옥)
어지러운 곳에
달빛을 밝히시고

俱爲五濁岸邊舟盡作三途昏霧月

能以妙手執蓮华接引眾生迴樂邦

6

능이묘수집연화
접인중생형락방
능히 오묘한 손길로
연꽃을 잡으시며
중생을 맞이하여
낙토로 이끄시네

靈鷲昔曾蒙授記而今會在一堂中

8

영축석증몽수기
이금회재일당중
옛적 영축산에서
수기 받은 이들이
지금 한 집에 모여 있네

運悲隨顯應群機此界他方拯六趣

一音清震三千界七辯宣談八諦門

因脩十善三祇滿果備千華百福嚴

過寶山王碧海間佩珠瓔珞白衣相

3

일음청진삼천계
칠변선담팔제문
맑은 한 소식으로
삼천계를 울리며
일곱 가지 말씀씨로
팔성제의 문을 쉽게
설하시니

4

운비수원응군기
차계타방증육취
중생의 근기에 맞는
원력과 자비로
이 세상에서
다른 세상으로 가는
육도를 건지시네

1

인수십선삼지만
과수천화백복엄
한량없는 긴 세월
열 가지 선을 닦은
인연으로 천 가지
영화와 백 가지 복을
누리시는

2

형보산왕벽해간
패주영락백의상
보타낙가산
관세음보살께서
푸른 바다에
패주와 영락으로 꾸민
흰 옷 입은 모습으로
나투시네

꽃살문
: 사계절 조계사를 장엄하는 나무꽃

꽃은 아름다움과 향기로 많은 이들에게 행복을 준다. 오죽하면 꽃보다 아름답다, 꽃보다 예쁘다는 말이 있겠는가. 담장 없는 조계사는 여름에는 연꽃으로, 가을에는 국화로 도량을 장엄하여 방문하는 사람들에게 기쁨을 선사하고 있다. 하지만 계절과 상관없이 사시사철 조계사를 장엄하고 있는 꽃이 있으니, 바로 대웅전 꽃살문이다.

대웅전 꽃살문은 부처님을 모신 대웅전을 아름답고 화려하게 장엄하고자 하는 신심으로 빚어낸 작품이다. 창문을 장식한 매화꽃 봉오리 문양은 한겨울과 이른 봄에도 조계사 대웅전에 은은한 온기와 향기를 더해 준다.

꽃살문을 볼 수 있는 곳은 주련이 걸린 기둥과 기둥 사이, 그리고 건물 양쪽 옆면의 창문이다. 대웅전 꽃살문은 통판 구조로, 하나의 나무판에 통째로 무늬를 새겨서 짠 꽃나무살문을 말한다. 이는 사찰에서 주로 쓰이는데, 성혈사 나한전과 강화 정수사 대웅보전, 선암사 원통전 어간, 용문사 윤장대 등에서 볼 수 있다.

조계사 대웅전 꽃살문은 1997년 국가무형문화재 제74호로 인정받은

(오른쪽) 대웅전 꽃살문은 계절과 상관없이 사시사철 조계사를 장엄하는 꽃장식이다.

꽃살문은 하나의 나무판에 통째로 무늬를 새겨서 짠 통판 구조로, 사찰에서 주로 쓰이는 양식이다.

조계사 대웅전 꽃살문은 전국 사찰 꽃살문 중에서도 예술성 면에서 손꼽힐 만한 수작으로 평가받는다.

고택영 대목장(1914~2004)의 손길을 거쳤다. 1914년에 태어난 고택영 선생은 스물아홉 살에 목공일을 시작했다. 그는 한국전쟁 때 파손된 조계사 대웅전을 보수한다는 소식을 듣고 조계사를 찾은 것이 인연이 되어 스승 조원재 도편수를 만났다.

당시 한옥 짓는 일을 하던 고택영 선생은 조계사 대웅전 보수 불사를 계기로 조원재 도편수의 문하생이 되어 한옥 목공 기법을 배웠고, 스승의 지도로 한국전쟁 때 파괴된 대웅전(우측 동추녀 파손)을 보수하면서 조계사 대웅전 꽃살문을 짰다. 조원재 도편수는 제자가 짠 꽃살문의 섬세함과 정교함을 보고 목공 실력을 인정했다.

고택영 선생은 조계사 꽃살문 덕분에 훗날 자신이 도편수가 될 수 있었다고 기억했다. 그는 2004년 세상을 떠나기 전까지 도갑사 해탈문을 비롯해서 해인사 장경판고, 화엄사 대웅전, 금산사 대적광전, 정혜사 보광전, 송광사 국사전, 보림사 대적광전 등의 사찰과 남대문, 경복궁, 자운서원 등의 일반 고건축까지, 150여 채의 고건축을 전통 기법으로 지어 후세에 남겼다.

외벽의 벽화
: 부처님 일생을 담은 서른 번의 환희와 감동

조계사 대웅전 외벽에는 부처님 생애에서 가장 중요한 순간을 표현한 서른 개의 그림이 그려져 있다. 잉태부터 열반까지 부처님 생애를 여덟 단계로 나눠 그린 그림을 팔상도라고 한다. 팔상도는 사찰 벽화의 단골 소재이기도 하다. 조계사 대웅전 벽화는 부처님 생애를 더 세세하게 서른 장면으로 나누어 그린 것이 특징이다.

팔상도는 부처님이 도솔천에서 내려와 어머니 마야 부인의 태에 들어가는 도솔래의상(兜率來儀相)을 시작으로, 룸비니 동산에 탄생하는 비람강생상(毘藍降生相), 동서남북 4개의 문을 나가 세상을 관찰하는 사문유관상(四門遊觀相), 궁성을 떠나 출가의 길에 오르는 유성출가상(踰城出家相), 진리를 구하기 위해 설산에서 수도하는 설산수도상(雪山修道相), 보리수 아래에서 마귀의 항복을 받는 수하항마상(樹下降魔相), 녹야원에서 다섯 명의 수행자에게 처음으로 법을 전하고 이를 계기로 다섯 명의 비구와 함께 교단이 탄생하는 녹원전법상(鹿園轉法相), 마지막으로 사라쌍수 아래에서 열반에 드는 쌍림열반상(雙林涅槃相)으로 부처님의 생애를 담아낸다.

조계사 대웅전 벽화는 팔상도에 스물두 개의 장면을 더하여 부처님의 일생을 완성하고 있다. 팔상도에는 등장하지 않은 호명보살(부처님의 전생)과 아시타 선인(갓난아이의 모습으로 오신 왕자를 보고 장차 부처가 될 것을 예언한 선인), 아내 야수다라와 아들 라훌라 등 주요한 인물들이 등장하여 흥미와 감동을 준다. 고행을 중단할 것을 결심하고 강에서 목욕을 마치고 나온 싯다르타에게 유미죽을 올린 소녀 수자타의 모습도 발견할 수 있고, 위없는 깨달음을 성취한 부처님께 첫 공양을 올렸다고 전해지는 두 상인도 확인된다. 부처가 되어 처음으로 공양을 받은 부처님은 이들에게 법을 설하고 수기를 주셨다.

그 외에도 카필라 왕국에서 법을 설하는 장면과 석가족 왕자들이 출가하는 모습, 이모이자 양어머니였던 마하파자파티가 출가를 허락받고 비구니 교단이 탄생하는 장면과 도리천에서 환생한 친어머니 마야 부인을 위해 도리천에서 설법하는 모습, 죽음을 앞둔 아버지 슈도다나(정반) 왕에게 마지막으로 법을 설하는 장면 등이 담겨 있다. 아버지와 어머니, 양어머니, 아내, 아들, 사촌, 친척까지 등장하는 조계사 벽화는 부처님이 인간으로서 고뇌하며 성장했던 순간들을 생생하게 담아내 더 큰 감동을 준다.

도솔래의상.
도솔천에서 호명보살로 계시던 부처님께서 이 세상 중생들을 구제하기 위해 마야부인의 태에 드는 장면. 이때 마야부인은 상아가 여섯 개 달린 흰코끼리가 품에 안기는 태몽을 꾸었다고 한다.

비람강생상.
룸비니에서 갓 태어난 아기
부처님은 일곱 발자국을 걸으
신 뒤 한 손으로는 하늘을, 한
손으로는 땅을 가리키며 "하
늘 위 하늘 아래 나 홀로 존귀
하다. 삼계의 일체 고통을 모
두 편안케 하리라."라고 선포
하였다.

사문유관상.
호화롭고 풍족한 궁궐에서 부족함 없
이 살던 싯다르타 태자는 4개의 성문
을 나가 세상을 만나는데 동문 밖에서
노파를, 남문 밖에서 병자를, 서문 밖
에서 시체를 보고 큰 충격을 받는다.
그러다 마지막 북문 밖에서 출가 수행
자를 만났다.

유성출가상.
싯다르타 태자는 생로병사의 윤회에
번뇌하며 명상에 들고 아버지 정반왕
은 불안해한다. 출가할 것 같은 태자
를 잡아두기 위해 하루하루를 호화롭
게 보내게 했으나 싯다르타는 결국
어느 날 밤 홀연히 성을 뛰어넘어 출
가한다.

설산수도상.
싯다르타는 깨달음을 얻기 위해
수행자들에게 가르침을 받기도
하고 뼈를 깎는 듯한 6년 고행을
한다. 온몸의 모든 뼈마디가 드러
날 만큼 극심했던 싯다르타의 고
행은 히말라야 만년설만큼이나
높고 웅장했다.

수하항마상.
대결정심 후 다시 보리수나무
아래 가부좌한 싯다르타가 세
상의 일체 고통을 자비로써 치
유할 수 있는 부처님이 되려
하자 마왕 파순은 미모의 딸을
보내 유혹하고 마구니를 보내
이를 저지하려 한다. 그러나
이미 최고 성취 단계에 든 부
처님 앞에서 항복한다.

녹원전법상.
깨달음을 완성한 부처님은 바라
나시의 녹야원에서 다섯 비구에
게 첫 설법을 펼친다. 이들은 부
처님과 함께 수행했던 도반으로,
'타락한 고타마'가 오면 모른 척
외면하자고 했으나 빛이 없어 죽
어가던 식물이 빛을 향해 잎을 뻗
듯이 부처님을 향해 예를 갖추고
조복한 채 법을 청한다.

쌍림열반상.
"세상에 변하지 않는 것은 없
다. 여래의 제자라 하면 마땅
히 오직 여래의 진리를 등불
로 삼고 진리에 따라 행동해
야만 한다."라는 마지막 말씀
을 남긴 부처님이 사라쌍수
아래 몸을 누이셨다. 45년간
중생을 위해 길 위에서 전법
하신 부처님은 그렇게 길 위
에서 열반에 드셨다.

3.
대웅전 상량 유물

朝鮮佛敎摠本山大雄殿上樑文

述夫

布黃金寘地而建精舍權輿於西乾 礱白馬立塔而翔伽藍實肇夫於中夏

維寂靜可以修鍊 非莊麗無以尊嚴 至若朝鮮則 由二道之來儀寺刹始起於雞林之域

歷代以之崇奉自三國洎百濟 爰奉某日五歡演曰五歡與九山

物極則必返有時而衰者寧不有時而興 若乃至於近古 設圓建覺

宗於靑門之外通光武之戊申 自蜀經年經歲 道不可終露因地而倒者亦當因地而起 以若七千餘法侶之

皇於紫陌悟之申維明治之庚戌 不亶多事多端 雖云三十一本山之

合心奉此開祭之陞陛 人在劇易 今此摠本山大雄殿 節公費蒙私

共運何其統制之微弱 時至副行 當前摠督心田開終提唱之秋爲紀念而起見 量材力相位

可謂轟一聲會一嚬 遠近莫不輪誠 物無非是衆論決於摠本山 定宗教而統本山依寺法而賡各刹立度始得正

正合人四依法四依 緇素先自發願 知所後先巨俊起始於大雄殿 奉若德而戴顧問選能贊而爲委員用意靡不周

遍當 拈基於三月綠楊之時得坐子而向午 抹母嶽而釘負兒於卜龍蟠虎踞之局

輪奐敻之稱謝浮變泥牛木馬莫不齊賀 上樑於重陽黃花之日值千壬而支申 挹仁王而面引慶居鳳樓鸞殿之傳

駕元晩之祿諸宗之百怪靈林 壯觀八垓當居甲於鳳塔鳶雁 若非中興之運 福祉得其中央 非

置屋照縠三千苦心 俯瞰先巨侵先起於龍樓鳳闕 安得圓滿而成 基址得其中央

捐資以十萬金臣額 偏蕝素同發願 寫金碧之輝煌依佛華嚴之樓閣

徒四衆之稱讚匯地投毛戴戟亶彈踴躍而同歡 為舉百尺之脩樑 聊獻六韻之短律

兒郞偉抛樑東 南漢城頭曉日濃 萬里扶桑如咫尺 朝〻佛日瑞雲中

兒郞偉抛樑南 漢江流水碧於藍 蓮花候鳥無多遠 普渡群生九品樓 善財童子念無數 百十城中知識於

兒郞偉抛樑北 三角高峰拱紫極 去天只尺能摩仰 六時鈞樂動淸霄 香雨花雲興供養

兒郞偉抛樑上 覽樹恒明春翠玲 曇花遍開檀翼之江山

兒郞偉抛樑下 早乎象像醒朝野 縱令家頒迷圖成 法雨滂沱潤畫夜

伏願上樑之後 家〻春佛人: 作禮復見王含之二種萬家 個〻簡明法: 全真再會靈山之十二百衆

佛紀二千六百六十四年九月初九日

昭和十二年十月十二日

沙門 退耕相老 謹識

조선불교총본산 대웅전 상량문.

대웅전 상량문
: 어기여차! 대들보를 동쪽으로 들어 올리니

2003년 7월 28일 조계사 대웅전 해체 복원 공사 과정에서 종도리를 해체하자, 종도리를 받치는 통장혀 중앙 부분의 장방형 홈에서 상량문을 비롯한 총 217점의 유물이 발견되었다. 이 유물들은 1937년 10월 12일 대웅전을 건립하던 당시 납입되었던 것이다. 두루마리 형태의 상량문과 문서류가 길게 놓여 있었고, 상량문 왼쪽 아래에 책과 경판본이 들어 있는 2개의 노란봉투와 그 사이에 방형의 상자가 놓여 있었다. 상량문 오른쪽 아래에서는 다량의 유물을 싼 붉은색 보자기 꾸러미가 발견되었다.

　　발견된 문서 넉 장은 조선불교총본산대웅전상량문(1937년, 朝鮮佛教總本山大雄殿上樑文)을 비롯해 대웅전 불사에 동참한 장인들의 명단을 적은 총본산건설소역원(總本山建設所役員), 대웅전 불사 비용 모연에 동참한 각본·말사의 보시 액수를 기록한 총본산건축비각사부담액(總本山建築費各寺負擔額), 당시 해당 관할 관청의 책임자와 직급 등을 기록한 관서질(官署秩)을 적은 문서 등이었다. 이들 문서에는 대웅전 불사에 동참한 31본산의 보시 금액 등이 기록되어 있어 당시 불사에 얼마나 많은 이들이 동참하였으며 그 규모가 얼마나 대단했는지를 알 수 있다.

　　상량문은 집을 새로 짓거나 고친 이유와 내력, 공역한 날짜와 시간 등을 적은 글을 말한다. 이때 발견된 '조선불교총본산대웅전상량문'에는

総本山建設所役員

대웅전을 건설한 실무 담당자들의 이름이 적힌 총본산건설소역원.

조계사를 총본산으로 지정한 이유가 기재돼 있다.

"엎드려 바라건대 상량한 뒤에 집집마다 부처를 받들고 사람마다 예를 갖추어 거듭 왕사성의 3억만 가(家)를 보게 하시고 하나하나 원만히 밝혀지고 법마다 온전한 진리가 되어 거듭 영산에 천이백 대중이 모이게 하소서. 깨달음의 나무가 항상 요순의 일월보다 밝게 하시고 불법의 꽃이 두루 우리나라 강산에 피어나게 하소서."

불기 2964년 9월 9일 소화 12년(1937) 10월 12일에 사문 퇴경 권상로는 삼가 짓는다.

조계사 상량문을 쓴 인물은 당시 중앙불교전문학교 교수 권상로였다. 그는 일찍부터 총본산건설위원으로 활동하였는데, 상량문 구절구절 환희의 마음이 고스란히 느껴진다. 여기서 불기 2964년은 1956년 제4차 세계불교도대회에서 불기 산정법이 제정되기 전 우리나라에서 전통적으로 사용해오던 북방불기를 따른 것이다.

관서질은 조계사 대웅전 건설에 도움을 준 당시 조선총독 미나미 지로(南次郎) 이하 총독부 관련 인물의 이름이 적힌 문서이다.

官署秩

朝鮮總督　南　次郎

政務總監　大野綠一郎

前學務局長　富永文一

學務局長　鹽原時三郎

社會教育課長　金　大羽

京畿道知事　甘蔗義邦

京城府尹　佐伯　顯

총본산건축비각사부담액.
대웅전 건설에 참여한 31본산의 부담액을 적은 문서로, 31본산에서 총 100,402원 72전을 모아 건축비용을 부담하였다. 현재 가치로 환산하면 100억 원 이상으로 추정된다.

總本山建築費各寺負擔額

奉恩寺本末　二千九百四十二圓三十九錢

龍珠寺本末　二千六百八十五圓三十七錢

奉先寺本末　二千六百六十圓四十六錢

傳燈寺本末　二千四百三十八圓八十三錢

麻谷寺本末　五千一百六十九圓六十二錢

法住寺本末　二千七百五十圓六十二錢

威鳳寺本末　一千五百十六圓八十八錢

寶石寺本末　一千五百三十一圓

大興寺本末　一千九百三十圓七十二錢

白羊寺本末　二千二百八十圓四十二錢

松廣寺本末　三千五百六十二圓三十九錢

華嚴寺本末　二千三百七十五圓

仙巖寺本末　二千七百三十四圓八十九錢

海印寺本末　一萬二千八百二十四圓八十四錢

通度寺本末　一萬四千八百四十七圓

梵魚寺本末　一萬三十三圓八十七錢

桐華寺本末　四千四百二十九圓三十一錢

銀海寺本末　二千七百四十五圓四十六錢

孤雲寺本末　二千七百四十五圓七十五錢

金龍寺本末　五千一百四十九圓七十一錢

祗林寺本末　六千三十五圓五十二錢

貝葉寺本末　一千二百七十四圓四十七錢

成佛寺本末　四百九圓六十五錢

永明寺本末　四百四十二圓三十三錢

普賢寺本末　二千一百四十一圓十五錢

乾鳳寺本末　二千五百四十一圓三十五錢

榆岾寺本末　三千五百四十七圓

月精寺本末　一千八百八十七圓六十九錢

歸州寺本末　七百六十七圓八十四錢

釋王寺本末　一千八百九十三圓九十九錢

合計　十萬四百二圓七十二錢也

217점의 상량 유물
: 간절한 마음으로 보시한 발원 유물

1938년 10월 25일, 조계사 대웅전 낙성봉불식을 거행하던 날, 조계사 앞 마당은 셀 수 없이 많은 사부대중으로 인산인해를 이루었다. 불자들은 조선왕조 내내 산중에 숨었던 불교가 다시 도심 한복판으로 내려와 경복 궁을 지척에 두고 일어선 그날의 기쁨을 함께 느끼고 싶었다. 총본산 대웅전 건립불사에 동참하는 것은 일생에 다시 없을 큰 인연이요, 세세생생 복을 누릴 기회였다. 사람들은 이 땅에 부처님의 말씀이 다시 전해지고, 이 땅이 다시금 평화로운 불국토가 되기를 간절한 마음으로 기원하며 자신의 소중한 물건을 보시했다.

조계사 대웅전 해체 시 발견된 유물은 상량문 등 문서류 외에도 서지류 9점, 방향상자 내 유물 6점, 붉은 보자기 내 유물 197점 등 총 217점으로 파악되었다. 압도적으로 많은 것은 여인들이 머리를 장식할 때 사용한 뒤꽂이(64점)와 비녀(46점)였다. 그 외에도 장식품(25점), 반지(22점), 발원판(17점), 노리개, 은제합, 은판 등 갖가지 패물들이 쏟아져 나왔다. 일상생활에서 가장 귀하게 아껴온 보물들을 기꺼이 내어놓은 것이다. 이 유물들은 당시의 시대상과 근대 장신구의 변화, 금속공예 등을 살피는 귀중한 자료가 되었다.

상량문과 함께 광서(光緖) 6년(1880) 판본의 《금강경계청》과 재조본(再

이종건 발원 유물.
대표적인 발원자는 이종건(李鍾建)으로 방형상자 안에 유물 6점을
보시하였다.

◀ 박씨 발원 유물(비녀).

▶ 김홍제 발원 유물(뒤꽂이).

雕本; 초판본을 후대에 수정하고 판각을 새로 하여 찍어낸 책)《반야바라밀다심경》 판본이 발견되었다. 대한불교조계종의 소의경전(所依經典)인《금강경계청》은 한국 선종(禪宗)을 상징하는 대표적인 경전으로, 당시 선종의 전통을 잇는다는 의미에서 상량물에 포함하였을 것으로 추정된다.《반야바라밀다심경》 판본은 권말에 고려국대장도감봉칙조조(高麗國大藏都監奉勅彫造)의 간기(刊記; 펴낸 시기, 주체 등의 기록)가 판각되어 있어 대웅전을 이건할 때 해인사 재조대장경을 인경하여 넣었던 것으로 짐작된다.

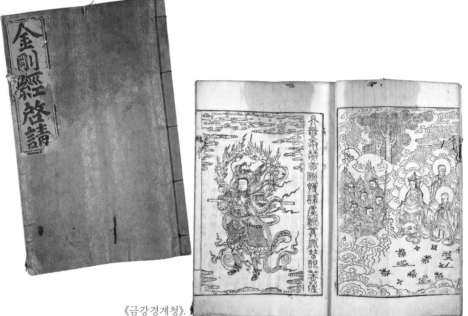

《금강경계청》.

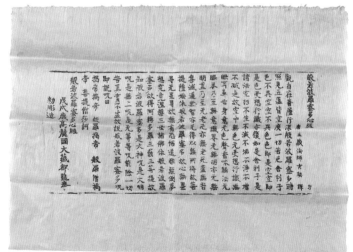

가례식 기념장 메달
: 대한제국의 마지막 꿈을 담은 유물

여러 상량 유물 중 가장 주목할 만한 것은 바로 '대한제국 황태자 전하 가례식 기념장 광무십일년 일월 이십사일'이라는 명문이 새겨진 메달이다. 광무십일년은 1907년이고, 당시 황태자는 대한제국의 마지막 황제이자 고종과 명성황후의 아들인 순종이다. 메달과 함께 발견된 은제합은 지름 3.5cm의 작은 합으로, 용도를 파악하기는 쉽지 않다. 다만 뒷면에 원형의 구멍이 뚫려 있는 것으로 보아 생활 용기로 추정된다. 하지만 용도보다 더 중요한 것이 이 합의 안쪽 바닥에 대한제국 황실의 상징인 오얏꽃이 선각으로 새겨져 있고, 순은(純銀)과 미(美)라는 글씨가 새겨져 있다는 것이다. 오얏꽃과 한자는 이 은제합이 대한제국기 황실 기물 제작을 담당한 '이왕직미술품제작소'에서 만들어졌음을 알게 한다.

승려의 도성 출입과 사찰 건립을 허락한 고종 황제는 조계사 대웅전 건립을 보지 못한 채 1919년 1월, 눈을 감았다. 순종 황제 역시 3년 남짓한 짧은 재위를 마치고 일제에 의해 강제로 퇴위된 후 1926년 4월 세상을 떠났다. 그렇다면 조계사 대웅전 건립 당시 대한제국의 기념품을 보시한 사람은 누구였을까?

메달, 은제합과 함께 발견된 발향의 주인이 어쩌면 그 주인공인지도 모른다. 발향은 궁중 여인의 필수 장신구로, 향나무를 원통형으로 작게 조각하여 산호와 오색의 술로 장식한 노리개의 일종이다. 황실 기물인 은제합과 궁중에서 사용하는 노리개로 미루어보건대 발향의 주인이 혹시 순종 황제의 황후였던 순정효황후 윤씨가 아닐까 하는 추측이 있다.

광무 10년(1906) 당시 황태자였던 순종의 계비로 책봉된 윤씨는 이듬해 순종이 즉위하자 열네 살의 나이로 황후가 되었다. 3년 후인 1910년, 국권이 피탈될 때 친일파 세력이 순종에게 합방조약에 서명할 것을 요구하자 치마폭 안에 옥새를 숨겼다고 한다. 그때 황후의 나이는 고작 열일곱에 불과했다. 1926년 순종이 세상을 떠나자 윤씨는 불교에 귀의하고, '대지월(大地月)'이라는 법명을 받았다. 대한제국의 마지막 황후였던 윤씨는

대한제국 황태자 가례식 기념장.

1966년 창덕궁 낙선재에서 세상을 떠났고 순종과 합장되었다. 지극한 불심으로 이생에서의 고통을 견뎌낸 순정효황후. 어쩌면 그녀가 조계사 대웅전 상량 유물에서 발견된 대한제국 유물의 주인이 아닐까?

▶ 은제합.
뚜껑 표면에 '位至三公(위지삼공; 높은 벼슬에 오르기를 기원하는 문구)'이라는 한자와 화문이 있고 그 주변에 잔무늬가 정교하게 장식되었다.

◀ 발향.
발향은 노리개의 일종으로 궁중 여인들의 필수 장신구다.

대웅전 상량 유물로 발견된 다량의 반지들.

상량 유물.

4.
일주문과 사천왕상

연꽃잎과 어우러진 조계사 일주문의 아름다운 모습.

일주문(一柱門)
: 부처님 도량으로 들어서는 경계

조계사를 찾으면 가장 먼저 만나는 일주문 앞은 작은 공원으로 사람들과 소통하는 공간이다. 계절이 바뀔 때마다 차례차례 연꽃과 국화로 예쁘게 단장을 하고, 12월이 되면 아기 예수의 탄생을 축하하는 전통 한지등(燈)이 놓인다. 외국인 관광객들은 일주문과 작은 공원에 감탄하며 사진을 찍기도 한다. 이렇게 시민들의 작은 정원으로 자리매김하고 있는 조계사 일주문이 건립된 것은 불과 20여 년 전이다.

조계사 대웅전 해체 복원 공사를 시작하기 3년 전인 2000년, 새천년을 맞아 사부대중이 모여 천일기도를 시작했다. 조계사 중창불사 원만 성취를 위한 기도였다. 조계사 중창불사에는 상가 건물 사이로 좁게 나 있던 출입문을 대신할 일주문 건립 불사도 포함되어 있었다.

그때까지도 조계사는 일주문이 없었다. 일주문은 사찰에 들어설 때 만나는 첫 번째 문이자 정문으로, 사찰의 이름이 적힌 현판이 걸려 있다. 일주문에 들어서야 비로소 부처님의 도량이 시작되기에 일주문은 그 자체로 사찰을 상징한다. 그러나 총본산 조계사의 시작은 일주문이 아닌 대웅전이었다. 대웅전이 건립되고 반세기가 지나도록 제대로 된 가람을 갖추지 못한 상태였다. 이를 안타깝게 생각한 불자들과 스님들이 마침내 천일기도를 통해 뜻을 하나로 모은 것이다.

2005년 4월 27일 일주문 상량식을 봉행했다.

　　2001년 6월, 일주문 건립을 위한 부지 매매 계약을 체결하고, 2002년
드디어 일주문 건립 부지를 매입했다. 이어서 부지에 있던 건물을 철거하
는 작업이 시작되었다. 일주문 건립 과정을 직접 볼 수 있게 된 신도들은
기쁨을 감추지 못했고 조계사 중창불사의 원만한 성취를 위해 두 손 모
아 기도했다. 천일기도 기간 중 일주문 불사에 참여한 사람은 3,800명이
넘었다. 그만큼 일주문 건립은 조계사의 가장 중요한 불사이자 신도들과
불자들의 염원이었다.

2005년 4월 27일 일주문 상량식을 봉행하였다. 오랜 기다림 끝에 일주문 상량식이 거행되자 많은 스님들과 신도들이 감격하여 눈물을 흘리기도 하였다. 조계사 일주문 공사를 맡은 거암 전흥수 대목장은 유네스코 세계 인류무형문화유산에 대목장으로 등재된 국보급 장인으로, 창덕궁과 동대문, 월정사, 법주사, 수덕사, 마곡사 등 그의 손을 거쳐 간 문화재와 사찰은 셀 수 없이 많다. 2000년 국가무형문화재 제74호로 등재되어 대목장으로 인정받은 전흥수 대목장은 조계사 일주문 건립 부지를 확인한 후 추녀 없는 일주문을 설계했다. 대개 일주문은 탁 트인 공간에 세워지지만 당시 조계사 일주문이 들어설 자리는 15평 정도의 좁은 부지였고 한쪽 면에는 옆 건물이 바짝 붙어 있었기 때문이다.

전흥수 대목장은 나무를 다듬는 등의 사전 준비는 홍성 작업실에서 하고, 조계사에서는 땅을 다지고 기둥을 올리는 작업을 했다. 1년 넘게 600여 명이 새벽부터 늦은 밤까지 공사에 매달린 끝에 폭 8.8m, 길이 20.5m, 높이 10m에 네 면을 칠포로 설계하고, 솟을산문 형식의 맞배지붕(박공지붕: 건물의 모서리에 추녀 없이 용마루까지 측면 벽이 삼각형으로 된 지붕)에 정면과 측면이 각 세 칸인 일주문이 완공되었다.

일주문 현판
: 장인의 손으로 완성된 현판

2006년 10월 9일, 일주문 건립을 위한 긴 여정의 마지막 순간이 왔다. 가로 7.25m, 세로 1.45m, 무게 600kg에 달하는 현판이 걸린 것이다.

현판 글씨를 쓴 인물은 송천 정하건 선생이다. 한학자인 할아버지에게서 다섯 살 때 붓글씨를 처음 배운 선생은 스물세 살이 되던 해에 갈물 이철경(1914~1989) 선생을 만나 정식으로 한글 서예에 입문하여 7개월 만에 한글 〈기미독립선언서〉로 국전에 입선했다. 그리고 서른 살이 되던 1964년, 추사 김정희(1786~1856) 이후 한국 최고의 서예가로 인정받는 유희강(1911~1976) 선생을 만나 제자가 되었다. 검여 유희강 선생은 58세에 중풍으로 쓰러져 반신이 마비되어 오른손을 쓰지 못하자 뼈를 깎는 노력 끝에 왼손으로 붓을 잡았다. 그리고 왼손으로 최고의 작품을 남겼다.

스승을 닮고자 노력하며 서예가로 평생 외길을 걸어온 정하건 선생은 조계사 현판을 생애 최고의 역작이라고 스스로 평한다. 조계사 일주문 현판을 쓰기로 하고 만난 원로 스님 중 한 분은 이렇게 말했다.

"우리나라에서 제일가는 현판을 써주시오."

선생은 잠시 침묵했다가 입을 열었다.

"왜 하필 우리나라 제일의 현판을 원하십니까? 동양 제일, 세계 제일의

'대한불교총본산조계사' 일주문 현판.

현판을 원하셔야지요."

정하건 선생은 그 말에 책임지기 위해 그날부터 후학 양성도 미루고 오직 글씨에만 매달렸다. 평생을 서예에 바친 선생의 심혈이 담긴 '대한 불교총본산조계사'라는 현판이 올라가던 날, 조계사는 비로소 한국불교 1번지 사찰의 품격을 새롭게 갖췄다.

일주문 주련
: 나무 기둥에 혼을 새겨 넣다

팔만대장경과 같이 종이에 찍어내기 위해 나무판에다 글자를 새기거나, 조계사 일주문에 걸려 있는 현판이나 주련처럼 큰 나무판에 전통 방식으로 글씨를 새기는 것을 '각자(刻字)'라고 한다. 이 기술을 가진 장인을 '각수(刻手)'라고 하며 이 기술의 대가를 '각자장(刻字匠)'이라고 한다.

우리나라는 통일신라시대부터 고려시대에 이르기까지 당대 최고의 목판 인쇄술을 자랑했다. 하지만 오늘날 목판 전통 각자는 현대식 인쇄술의 발달로 말미암아 빠르게 쇠퇴하는 중이다.

철재 오옥진(吳玉鎭,1935~2014) 선생은 단절 위기에 놓인 전통 각자 기술을 계승, 발전시켜 예술로 승화시킨 인물이다. 증조부 때부터 가업으로 각자를 했으나 가세가 기울면서 일본 와세다대학에서 유학한 선생의 아버지는 도장 파는 일을 업으로 삼기도 했다. 선생은 뼈를 깎는 노력 끝에 1966년 국가무형문화재 제106호 각자장 기능보유자로 지정됨에 따라 제1대 각자장이 되었다.

오옥진 선생은 각자란 단순히 목판에 글씨를 새기는 일이 아니라 나무에 인간의 혼을 불어넣는 일이라고 말했다. 생각에 사(邪)가 끼면 목판에 그대로 드러난다며 모든 글자에 혼을 심어야 한다는 선생은 기계가 아니라 칼, 망치, 끌 등 증조부가 쓰던 도구를 고스란히 물려받아 전통적

조계사 일주문 기둥의 주련.

만고광명장불멸
만고에 이 지혜광명
영원히 멸하지 않네

조계산상일륜월
조계산 꼭대기에
둥근 달처럼

불불조조유차전
부처님이나 역대 조사가
오직 이것을 전함이로다

이심전심시하법
마음에서 마음에
전하는 법이
그 무슨 법인가

인 수공 기법을 고수했다. 50년 넘게 칼과 한 몸이 되어 국보나 보물급 유물을 복원해왔다.

돌배나무를 책판 재료로 써서 만든 국보 제60호 《훈민정음》을 비롯해 순조 24년(1825)에 고산자 김정호(1804~1866)가 제작해서 목판에 새긴 당시의 한양 그림지도 수선전도(首善全圖) 등 많은 고전을 전통 수공 기법을 사용해 원본대로 복원했다. 경복궁과 창덕궁, 창경궁, 송광사, 화엄사, 금산사 등 고찰의 현판을 각자했고, 2006년 10월 조계사 현판을 새겼다. '대한불교총본산조계사' 현판에 새겨 넣은 글자 한 자 한 자에서 선생의 정성과 예술혼을 느낄 수 있다.

송천 정하건 선생의 글씨와 철재 오옥진 선생의 각자는 일주문 기둥에서도 만날 수 있다. 사찰이나 목재 고택의 기둥에는 시구를 연달아 써서 건 '주련'이 있는데, 조계사 일주문 주련에는 건립 당시 대한불교조계종 제32대 총무원장이셨던 지관 스님이 지은 시가 새겨져 있다.

아기자기한 정원을 지나 계단을 오르기 전 일주문을 먼저 바라보자. 대가들의 혼을 느낄 수 있을 것이다. 추녀 없이도 위풍당당한 일주문과 대가들의 혼이 담긴 현판, 주련을 보며 가만히 두 손을 모으고 한 번, 두 번, 세 번 고개를 숙여본다.

강철 사천왕((四天王)
: 조계사를 지키는 네 수호신

일주문에 들어서면 조계사에서만 만날 수 있는 가장 독특한 사천왕이 우리를 반긴다.

일주문이 완공된 지 7년이 지난 2013년, 조계사에도 마침내 도량을 지키는 네 분의 수호신이 생겼다. 조계사 사천왕은 목조보다 더 섬세하고, 석조보다 더 강인한 강철로 빚어졌다. 현대적인 젊은 작가와의 조우를 통해 전국에서 하나뿐인 세련된 강철 사천왕이 탄생한 것이다.

조계사 사천왕을 제작한 이근세 작가는 2007년도 불교중앙박물관 건립 당시 철을 소재로 사천왕을 제작했다. 그는 불자들이 자신의 작품 앞에서 절을 하는 모습을 보고 충격을 받았다. 가슴이 알 수 없는 감정으로 울렁거렸다.

그 후 조계사 일주문을 수호하는 사천왕 제작을 맡은 이근세 작가는 각각의 역할이 다른 100여 장의 평면 철판을 한 겹 한 겹 포개는 방법을 사용했다. 철은 강하고 단단한 특성을 갖고 있지만, 뜨거운 불과 만나면 어떠한 모습으로든 만들 수 있을 만큼 부드러워진다. 하지만 그 시간이 매우 짧기 때문에 구상한 표현을 완성하려면 쉴 새 없이 몸을 움직이는 수밖에 없었다.

이근세 작가는 철판이 지닌 평면성을 입체로 표현하기 위해 구조를 이

부처님의 설법을 가장 많이
들으면서 불법을 수호하는
'북방 다문천왕'.

인간세계의 선악을 살펴 죄
지은 자를 벌로써 다스리고
반성케 하는 '서방 광목천왕'.

중생의 이익을 증대시켜주
는 '남방 증장천왕'.

나라를 지키고 백성을 편안
케 하는 '동방 지국천왕'.

루며 지탱하는 6층의 철판과 모양을 잡아주는 20층의 철판을 겹쳐 약 26층의 탄탄한 구조로 평면적인 소재에 입체적인 재해석을 입혀나갔다. 그 과정에서 강인한 성질의 철은 수만 번 두드려지고 다듬어졌다. 그렇게 완성된 조계사의 사천왕을 정면에서 바라보면 서늘하면서 이글거리는 웅장한 에너지에 압도된다.

　강철 사천왕이 지키는 일주문을 지나면 아담한 연못이 발아래 펼쳐진다. 조심스럽게 다리를 건너면 마침내 부처님의 도량이 펼쳐진다.

5.
세존사리탑과 사적비

대웅전 앞마당에 우뚝 선 세존사리탑. 부처님의 진신사리를 모시고 있다.

세존사리탑

: 불사리를 간직한 8각 10층 석탑

대웅전 앞마당, 법당의 삼존불을 마주 보며 서 있는 세존사리탑은 불자들에게 중요한 참배 대상으로 일 년 내내 탑을 도는 사람과 꽃과 향을 올리는 사람이 끊이지 않는다. 2009년 조성된 이 탑에는 부처님의 진신사리가 모셔져 있다.

세존사리탑이 조성된 것은 2009년이지만 탑 안에 봉안된 부처님의 진신사리를 모셔온 것은 1913년으로, 조계사가 '각황사'라는 이름의 일본식 사찰 건물이었던 때였다. 당시 조선을 방문한 스리랑카 달마바라 스님이 태국 왕실에서 받은 부처님의 진신사리 1과를 기증했다. 사리는 1914년 12월 29일 각황사 법당 주불 대좌에 처음 봉안되었고 그 후 각황사 시절 칠층탑을 조성하여 모셨다고 전한다. 이 내용은 탑비를 통해서만 전해지다가 2002년 3월 26일 도량 정비를 위해 대웅전 앞 사리탑을 이운하던 중, 사리함과 부처님 진신사리 1과가 세상에 모습을 드러내며 확인됐다.

사리함과 사리가 발견된 장소는 칠층탑 탑신부 둘째 층으로, 21.5×15.5×14.5cm(가로×세로×높이) 크기의 구멍에 장방형 은합(5.5×11×9.8cm)이 들어 있고, 그 안에 8×4.5cm(지름×높이) 크기의 원형 사리함이 있었다. 그 원형 사리함에는 밀봉된 투명한 수정병과 수정병을 담은 금

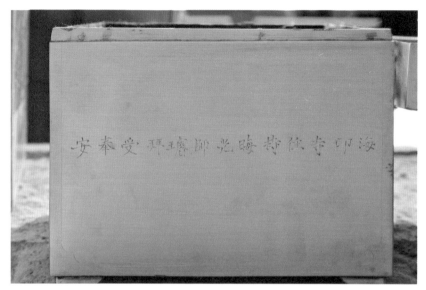

1913년 기증받은 사리에 대한 이야기가 자세하게 새겨져 있는 장방형 은합의 정면 모습.

함, 그리고 달마바라 스님이 사리를 담아 보관했던 호신 장엄구(목걸이에 매달아서 목에 거는 작은 원형 함)가 있었다. 수정병에 들어 있던 사리는 직경 1mm가량으로 황색을 띠고 있었는데, 사리함의 뚜껑을 포함한 다섯 면에는 1913년 당시 기증받은 사리에 대한 이야기가 자세하게 새겨져 있었다.

佛世尊應花二千九百四十年癸丑八月二十日

(불세존응화이천구백사십년계축팔월이십일)

印度國錫蘭島梵僧達摩婆羅陪來親贈

(인도국석란도범승달마바라배래친증)

朝鮮僧侶代表禪教兩宗法刹大本山

(조선승려대표선교양종법찰대본산)

海印寺住持晦光師璿拜受奉安

(해인사주지회광사선배수봉안)

世尊應花二九五七年庚午七月二十日建塔奉安

(세존응화이구오칠년경오칠월이십일건탑봉안)

朝鮮佛教禪教兩宗教務院理事代表 李混性 黃耕雲

(조선불교선교양종교무원이사대표 이혼성 황경운)

불타 세존 응화 2940년 계축년(1913) 8월 20일. 인도 실론섬(현재의 스리
랑카)의 달마바라 스님이 모시고 와 친히 증정하고 조선불교선교양종
법찰 대본산 해인사 주지 이회광 스님이 삼가 받들어 봉안했으며, 불타
세존 응화 2957년 경오년(1930) 7월 20일에 조선불교선교양종 교무원
이사 대표 이혼성, 황경운이 탑을 세워 봉안하다.

사리가 발견된 사각 칠층탑(높이 5.29m, 폭 2.36m)은 1930년도에 조성
된 것으로 일본 제국주의 건축구조물의 느낌이 강했다. 이에 2008년 당
시 총무원장 지관 스님이 발의해 2009년에 8각 10층의 세존사리탑을 조

2009년 8월 25일 건립된 8각 10층의 세존사리탑.

성, 지금 자리에 봉안하기에 이르렀다. 지관 스님은 8각은 부처님이 말씀하신 여덟 가지 바른길인 팔정도를, 10층은 부처님이 말씀하신 좋은 업을 짓는 열 가지 방편인 십선법을 상징한다고 정의하였다. 즉 사리탑을 조성하며 부처님의 가장 근본적인 가르침을 형태로 담아낸 것이다.

2009년 8월 25일 건립된 현재의 세존사리탑은 높이 15.66m, 폭 6m로 기존 칠층탑에 비하여 3배가량 더 크고 웅장해졌다. 단지 규모만 커진 것이 아니다. 왜색이 짙던 기존 칠층탑과 달리 우리 탑 고유의 전통 양식을 따른 탑으로 조성하기 위해 건립위원회 실무위원들은 월정사 팔각구층탑을 비롯해서 국립중앙박물관 〈통일신라조각특별전〉을 답사하고, 국보급 탑비 부조 및 고달사지 등 여러 현장을 직접 방문하면서 전통 양식의 탑 자료를 수집하고 연구했다. 대부분의 탑은 홀수층(조계사 세존사리탑에 큰 영향을 준 월정사 탑은 팔각구층탑이다)이었으나 고려 공민왕(1330~1374) 때 왕비 노국공주가 건립한 경천사탑(10층)을 비롯하여 서울 탑골공원 원각사탑(10층)과 산청 대원사탑(8층) 등 짝수층의 탑도 있음을 고려하여 십층탑이 결정되었다.

사리탑의 석재는 경주 화강암을 사용했고 탑의 상륜부는 국가무형문화재 제64호 두석장 박문열 장인이 중심이 된 두석공방에서 맡았다.

사리탑의 하단부에는 팔정도를 상징하는 여덟 여래와 여덟 보살, 그리고 여덟 신중을 부조로 장엄하였으며, 탑 중대부의 여덟 면에는 천룡(天龍)과 용(龍), 야차(夜叉), 건달바(乾闥婆), 아수라(阿修羅), 금시조(金翅鳥), 긴

사리탑의 하단부에는 팔정도를 상
징하는 여덟 여래와 여덟 보살, 그
리고 여덟 신중을 부조로 장엄하였
으며 탑 중대부의 여덟 면에는 '팔
부신중상'을 새겼다.

나라(緊那羅), 마후라가(摩睺羅迦) 등 '팔부신중상'을 새겼다. 탑 안에는 네 차례에 걸쳐 점안식을 올린 1만 4천여 원불이 진신사리와 함께 봉안되었는데, 소형 원불은 국립중앙박물관 문화재단이 제작을 맡았다. 부처님의 진신사리 1과를 담은 사리함은 금속상감 분야 대한명인(제08-218호) 박봉현 선생이 제작해 그 안에 진신사리와 함께 발견된 수정병, 금함, 호신 장엄구를 함께 봉안했다. 그 밖에 시주자 이름을 새긴 탑불사연기문과 《금강경》, 은진 쌍계사각판 《법화경》(1660) 7권 한 질과 25조 가사 한 벌 등도 함께 넣었다.

1과의 진신사리가 100년 만에 모습을 드러내어 이를 모시기 위해 탑이 조성된 지 10년이 넘게 흘렀다. 겨우 10년이라고 생각할 수도 있으나 조계사 세존사리탑은 순식간에 불자들의 마음에 커다란 등이 되어 모두의 마음을 하나로 결집했다. 이제 세존사리탑이 없는 조계사 마당은 상상하기가 어렵다.

사적비(事蹟碑)
: 1만 자의 글에 담은 조계사의 역사

조계사는 비록 천년 고찰은 아니지만 500년 억불의 시대가 끝나고 시작된 근현대 불교사의 중심으로, 100여 년의 역사를 가지고 있다. 이를 기념하기 위해 2009년 9월 4일 대한불교조계종 총본산 조계사 사적비가 건립되었다.

조계사 사적을 담은 25자 높이의 사적비를 채운 것은 송천 정하건 선생의 글씨와 철재 오옥진 선생의 각자다. 송천 정하건 선생은 지관 스님이 써 내려간 1만 자에 가까운 사적비문을 쓰면서, 두 달 동안 서재의 문을 닫아걸었다. 행여 바람이 불면 종이가 날려 글씨가 잘못될까, 숨을 참아가며 글씨를 썼다고 한다. 조선불교 총본산 건립운동에서부터 각황사 창건과 태고사를 거쳐 오늘의 조계사에 이르기까지, 조계종단 근현대사와 함께해온 조계사의 연혁을 써 내려간 송천 선생의 글씨는 철재 오옥진 선생의 손끝을 타고 비석에 새겨졌다.

사적비의 귀부와 이수는 장중하다고 이름난 고달사 원종국사 탑비의 귀부와 이수를 본떠 제작했다.

조계사의 역사를 담은 사적비.

6.
극락전과 범종루

극락전 내부.

극락전(極樂殿)
: 부처님 도량 제2의 전각

극락전은 일반적으로 극락보전, 무량수전, 미타전 등으로 불리며 전통 사찰에서 대웅전 다음으로 많이 짓는 전각이다. 조계사 제2의 전각이라고 할 수 있는 극락전은 대웅전을 바라보고 왼편에 자리 잡은 2층 건물이다. 아미타부처님이 계신 서방정토 극락세계는 많은 불자들이 생을 마친 후 가고자 하는 곳이며 모든 중생을 청정하고 완전하게 하는 세계다. 그렇기에 극락전은 불교가 삶 너머에 있는 죽음의 세계를 그만큼 중요하게 생각하고 있으며 많은 이들을 극락으로 인도해왔음을 뜻하는 것이기도 하다.

조계사 극락전 상량식은 1991년 9월 8일 봉행되었다. 당시에는 전각의 용도를 지칭해서 '장경각 및 선원 상량식'으로 명했다. 이후 1990년대 말까지 '문화교육관'이란 명칭으로 사용되어오다 2003년 11월 16일에 극락전 현판을 달고 오늘에 이르고 있다.

극락전에는 극락정토의 주재자인 아미타부처님을 주불로 모신다. 아미타부처님은 성불하기 전에 법장 비구로 불렸는데, 왕의 자리를 버리고 출가하여 48대원을 세워 수행한 끝에 깨달음을 얻어 서방정토라 불리는 아미타 불국토를 이루었다. 아미타부처님은 고통이 없는 세계인 극락에 계시며 치열하게 중생을 구제하기 위해 법을 설하고 계신다. 누구든 아미

극락전에는 주불인 아미타부처님을 중심에 모시고, 좌우로 지장보살과 관세음보살을 모신다.

타부처님의 이름만 부르면 극락에 갈 수 있다는 굳건한 믿음이 이 아미
타부처님의 서원에서 탄생했다.

극락전은 영가를 추모하고 기도하면서 죽음 이후를 위해 공덕을 쌓는
공간이자, 동시에 산 자는 죽은 자를 떠나보내고 죽은 자는 다음 생을 준
비하며 기약하는 공간이다. 서방정토 극락세계를 상징하는 극락전은 보

통 동쪽을 바라보는 방향으로 전각을 지어 불자들이 서쪽을 향해 예불할 수 있게 되어 있다.

극락전 1층 내부 중심에는 주불인 아미타부처님을 모시고 좌우에는 지장보살과 관세음보살을 각각 모시고 있다. 벽면에는 시왕탱화 열 점이 좌우로 각각 다섯 점씩 배치되어 있으며, 2019년에 시왕 본지불과 가내 길상 일천불을 새로이 봉안하였다. 극락전 바깥쪽 벽의 전후면 상단은 〈나한도〉(36폭)로 장엄했고, 전면 하단은 〈극락구품도〉(9폭), 후면 하단과 좌우 측면은 각각 〈부모은중경〉(9폭)과 〈보살도〉(16폭)로 장엄했다. 단청은 화려하지도 단조롭지도 않은 모로단청으로 장엄했다. 모로단청은 부재(部材)의 양쪽 끝에만 색을 입히는 단청 기법이다. 모로단청기법은 주로 궁궐에서 사용하는데, 극락전 단청을 맡은 최갑식 단청장은 이 기법으로 극락전을 장엄했다.

극락전 2층의 대설법전에는 약사여래좌상이 소설법전에는 대세지보살님이 주불로 계시며, 각각 일요일 어린이 법회와 일상 기제사를 모신다. 한편 극락전의 아미타 왕생기도는 한 달 동안 하루 세 번(새벽예불, 사시불공, 저녁예불) 돌아가신 영가를 위한 기도 불공으로 유명하다.

후불탱화와 감로탱화
: 전생과 현생, 내세로 이어지는 윤회

극락전 안에 들어서면 여러 탱화가 신도들의 눈길을 끈다. 부처님 뒤의 후불탱화와 좌측 영단의 감로탱화가 그것인데, 모두 2016년에 새로 조성되었다. 후불탱화는 아미타부처님께서 서방정토 극락세계에서 설법하시는 장면을 그렸으며 크게 중앙, 상단, 하단 세 부분으로 구성되어 있다. 중앙에는 아미타부처님이 설법인을 취하고 법문을 설하고, 부처님 왼쪽에는 관세음보살이 오른쪽에는 대세지보살이 앉아 있다.

좌측 영단에 모신 감로탱화는 죽음 이후의 이야기를 생생하게 그리고 있다. 감로탱화의 감로(甘露)는 모든 음식이 뜨거운 불이 되어 먹지 못하는 아귀나 지옥 중생에게 감로미를 베푼다는 뜻에서 나온 말이다. 이를 반영하듯 하단에는 전생의 업을 희로애락과 죽음으로 보여주며, 중단에는 현재를 의미하는 법회 장면을 그렸다. 그리고 상단에는 하늘을 강조하여 전생에 업을 쌓고 세상을 떠난 영가가 법회를 들은 후 내세에는 기필코 구제된다는 내용을 그려 넣었다.

감로탱화를 자세히 살펴보면 오른쪽 아래에서 현대인과 서양 사람의 모습도 찾을 수 있다. 단순히 전통 탱화를 답습한 것이 아니라 현대적인 기법을 가미한 것이다.

극락전 좌측 영단에 모셔진 감로탱화.

시왕탱화(十王幀畵)
: 명부를 관장하는 열 명의 왕에게 받는 심판

시왕탱화는 죽은 뒤 명부(冥府)의 시왕(十王)에게 생전에 지은 죄를 심판받는 장면을 그린 불화를 말한다. 조계사 극락전에는 아미타부처님을 바라보고 벽면 좌우로 각각 다섯 폭씩 열 폭의 탱화가 배치되어 있다. 여기서 시왕이란 명부를 관장하는 열 명의 왕을 의미한다. 불교의 세계관에서는 사람이 죽으면 49일 동안 7일마다 명부의 왕들에게 각각 심판을 받는다. 여기에 백일 그리고 소상(小祥; 죽은 지 1년째 되는 날 지내는 제사)과 대상(大祥; 죽은 지 3년째 되는 날 지내는 제사)을 더해 총 열 번의 심판을 받는데, 이 열 번의 심판을 주관하는 왕들이 바로 명부의 시왕이다.

전통적인 시왕탱화는 권선징악의 성격이 강하여 명부에서 심판받는 장면이 잔인하고 무섭게 묘사되어 있다. 그러나 절반은 선행을 권장하는 내용을 담고 있어, 살아서 죄를 지으면 죽은 후 받게 되니 착하게 살도록 유도하는 것이다. 그런 시왕탱화에는 지옥 중생을 한 사람도 남김없이 다 제도한 뒤에야 성불하겠다는 대원을 세운 지장보살이 중심에 등장한다. 지장보살의 존재는 망자들에게 한 줄기 희망의 빛이기도 하다.

극락전 시왕탱화를 그린 작가는 선아트스페이스의 박경귀 대표다. 13살 때 불화의 세계에 입문한 박 대표는 조계사 극락전 시왕탱화를 그리면서, 죽음이 두렵고 어두운 것이 아니라 극락왕생에 대한 기대와 환희심이 담긴 밝고 희망적인 공간이 되기를 바라며 이를 탱화에 표현했다.

시왕탱화는 그림 상단 부분에 각 대왕을 중심으로 시녀, 외호 신장, 판관들이 둘러서서 망자를 심판하는 모습을 그리고, 하단에는 이 심판 결과에 따라 죄인이 지옥에 떨어져 형벌을 받는 모습을 묘사하는 것이 일반적이다. 이때 윗부분과 아랫부분을 나눠주는 것이 구름이다. 시왕은 망자의 죄를 판결해야 하는 임무가 있는 만큼 관을 쓰고 붓과 홀(笏)을 손에 쥐고서 책상 앞에 앉아 있는데, 열 번째 왕인 오도전륜대왕만큼은 투구와 갑옷 차림의 장군 모습을 하고 있다.

열 점의 시왕탱화 각각의 내용을 좀 더 자세히 들여다보면 다음과 같다.

〈제1 진광대왕도〉는 세상을 떠난 후 7일이 지나 망자가 명부에서 처음으로 만나는 진광대왕에게 심판을 받는 모습을 묘사한다. 진광대왕은 죽은 이의 살아생전 선행을 조사한다.

〈제2 초강대왕도〉에는 망자가 죽은 지 14일째 되는 날 초강대왕에게 심판받는 모습을 그린다. 여기에는 배꼽을 칼로 찔러 창자를 꺼내는 장면, 목에 칼을 쓴 죄인 앞에서 판관이 두루마리를 펼쳐놓고 읽는 장면, 칼로 죄인을 찌르는 장면 등이 묘사된다.

〈제3 송제대왕도〉에는 죄인 혀를 뽑아 쟁기질하듯 가는 발설지옥 장면을 담고 있다. 송제대왕은 부정한 관리로서 남을 속이거나 이익을 챙긴 사람을 비롯해 배신, 살인, 중상모략 등으로 남을 곤경에 빠뜨리게 한 자를 심판하고 벌을 주는 판관을 맡는다.

<제1 진광대왕도>는 세상을 떠난 후 7일이 지나 망자가 명부에서 처음으로 만나는
진광대왕에게 심판받는 모습을 묘사한다.

〈제4 오관대왕도〉에는 죽은 지 28일째 되는 날 심판받는 장면이 그려진다. 남의 것을 착취하고 베풀지 않으며, 병든 환자를 속이고, 사기 판매한 자나 저울 눈금을 속인 상인, 신에 대한 불경, 사원에서 도둑질한 자 등이 심판을 받는다. 펄펄 끓는 솥에 죄인을 삶는 화탕지옥이 묘사된다.

〈제5 염라대왕도〉에는 업경대로 죄를 확인하고 죄인을 방아 찧는 중합지옥이 그려진다.

〈제6 변성대왕도〉 하단에는 도산지옥 장면을 그려 넣었다. 변성대왕은 앞의 다섯 왕에게 재판을 받고도 죄가 남은 사람을 지옥에 보내는 왕이다.

〈제7 태산대왕도〉에는 49일째에 만나는 태산대왕이 죄인에게 태어날 곳을 정해주고, 유족들이 불상이나 경전, 번 등을 공양해서 죄를 감해주길 바라는 장면과 톱으로 죄인을 자르는 거해지옥이 그려진다.

〈제8 평등대왕도〉에는 100일째에 만나는 평등대왕이 죄와 복을 공평히 해주는 모습이 담긴다. 평등대왕은 평정왕이라고도 불리며 안으로는 자비를 머금고 밖으로는 분노를 표출하며 형벌을 내리는 왕이다.

〈제9 도시대왕도〉는 죽은 지 1년째 되는 날, 차가운 얼음산에 갇혀 떨고 있는 한빙지옥과 재를 올려 망자에게 복업을 짓게 하라고 권하는 장면이 나온다.

〈제10 오도전륜대왕도〉는 죽은 넋이 3년째 되는 날 마지막 심판을 받는 모습을 묘사한다. 흑암지옥을 관장하는 오도전륜대왕에게 마지막 심판을 받은 망자는 생전의 행위에 따라 다시 태어날 곳을 결정받게 된다.

죽은 자의 두 번째 7일을 관장하는 <제2 초강대왕도>.

제三송제대왕

죄인 혀를 뽑아 쟁기질하듯 가는 발설지옥 장면을 담고 있는 <제3 송제대왕도>.

<제4 오관대왕도>는 죽은 지 28일째 되는 날 심판받는 장면으로, 펄펄 끓는 솥에 죄인을 삶는 화탕지옥이 묘사된다.

<제5 염라대왕도>. 일반인에게도 많이 알려진 염라대왕이 바로 다섯 번째 왕이다.
업경대로 죄를 확인하고 죄인을 방아 찧는 중합지옥이 그려진다.

<제6 변성대왕도>는 변성대왕이 앞의 다섯 왕에게 재판을 받고도 죄가 남은 사람
을 지옥에 보내는 장면을 묘사했다.

<제7 태산대왕도>에는 세상을 떠난 지 49일째에 만나는 태산대왕과 거해지옥
이 그려진다.

<제8 평등대왕도>는 100일째에 만나는 평등대왕이 죄와 복을 공평히 해주는 모습을 담고 있다.

<제9 도시대왕도>. 망자는 죽은 지 1년이 되면 도시대왕을 만난다.

<제10 오도전륜대왕도>는 죽은 지 3년째 되는 날 마지막 심판을 받는 모습을 묘사
한다.

대설법전과 소설법전
: 법회와 신행 모임의 중심

극락전 2층에는 대설법전과 소설법전이 있다. 매주 일요일 어린이 법회가 열리는 대설법전에는 약사보살과 문수보살, 보현보살을 모시고 있는데, 아이들이 아프지 않고 건강하게 무럭무럭 자라며 지혜로움과 당당함을 갖추길 바라는 마음이 담겨 있다. 대설법전은 어린이 법회 외에도 조계사에서 하는 각종 법회나 행사 장소로 사용된다.

영가를 위한 재를 올리는 소설법전에는 아미타부처님의 협시보살 중 한 분인 대세지보살을 모시고 있다. 소설법전의 대세지보살 후불탱화는 2011년 용인대학교 예술대학원에 재학 중이던 최가영 불자가 그려 눈길을 끌었다. 최가영 불자는 조계사 불교기본교육(68기)을 마친 조계사 신도로, 이것이 인연이 되어 소설법전 후불탱화 작업에 동참했다.

소설법전에 후불탱화를 모신 다음부터 사십구재나 천도재 등 중요한 재는 1층 극락전에서 봉행하되 소설법전은 영가를 위한 재의식 전용 공간으로 사용하고 있다.

대설법전(위)과 소설법전(아래).

범종루와 불전사물
: 영혼을 인도하는 불가의 소리

극락전 바로 왼편의 단층 건물인 신행상담실 옆에는 2층짜리 누각이 자리 잡고 있다. 범종을 비롯한 불전사물(佛殿四物)이 비치되어 있는 범종루다. 범종은 일반적으로 동종(銅鐘)이라고도 하는데, 동종이란 사찰에서 사용하는 동제(銅製)의 범종으로, 대중을 모으거나 때를 알리기 위하여 울리는 종이다. 범종은 다른 불구(佛具)와 달리 그 규격이 커서 흔히 종루

불전사물을 보관하는 범종루.

현재의 조계사 범종은 1989년 9월 6일 첫 타종식을 봉행했다.

(鐘樓)나 종각(鐘閣)을 짓고 달아두기 때문에 그 누각을 범종루 또는 종각이라고 부른다.

불전사물이란 사찰에서 예불 때 치는 네 가지 불구인 범종(梵鐘), 법고(法鼓), 목어(木魚), 운판(雲版)을 말한다. 법고는 땅을, 목어는 물을, 범종은 불을, 그리고 운판은 바람을 각각 상징하고, 법고의 소리는 동물들의 영혼을, 범종의 소리는 천상과 지옥의 영혼을, 목어는 물에 사는 생명의 영혼을, 운판은 날짐승의 영혼을 청정한 곳으로 인도한다고 한다. 예불을 올릴 때 사물을 치는 순서는 법고 → 범종 → 목어 → 운판순이다.

현재의 조계사 범종루의 범종은 1989년 9월 6일 첫 타종식을 봉행했다. 당시 《불교신문》(불기 2533년 9월 6일자)에 따르면 "성종사에서 주조한 2천 관 크기의 관음성종과 함께 운판, 목어, 법고 등 사물이 봉안돼 전통불교 예식의 격을 갖추게 되었다."라고 전하고 있다.

범종은 새벽예불 때 28번, 저녁예불 때 33번 타종한다. 매일 새벽에 28개의 지옥문을 열어 사시에 부처님의 설법을 듣게 하고, 저녁에 33개의 천상의 문을 열어 모두 극락으로 인도한다는 의미를 담고 있다. 하여 하루도 거르지 않고 모든 중생을 위해 매일 두 번씩, 새벽예불(오전 4시)과 저녁예불(저녁 6시) 때마다 종을 울린다.

불전사물은 사찰에서 예불 때 치는 네 가지 불구인 범종, 법고, 목어, 운판을 말한다.

7.
관음전(도심포교100주년기념관)

우리나라에서 특히 사랑받는 보살인 관세음보살을 모신 관음전은 2013년 완공되었다.

관음전과 관세음보살상

: 자비로운 어머니의 품

조계사가 도심 포교 100년을 이끈 중심이라면 관세음보살은 1,700년 역사의 한국불교를 이끈 대중 불교의 꽃이다. 그래서 관세음보살을 형상화한 작품들은 신앙의 대상인 동시에 시대의 아름다움을 표현한 작품으로도 사랑받고 있다. 그런 관세음보살을 주불로 모신 조계사의 관음전은 가장 최근인 2013년에 조성된 전각이다. 관세음보살은 우리나라에서 워낙 널리 사랑받는 보살인 만큼 많은 사찰에서 관세음보살을 모신 관음전을 쉽게 찾을 수 있다. 하지만 조계사의 관음전은 조금 다르다. 전각이라는 단어를 떠올릴 수 없는 곳에 있기 때문이다.

조계사 마당에서 구름다리를 건너면 '도심포교100주년기념관'으로 연결되는데, 이 건물 2층에 관음전이 자리하고 있다. 도심포교100주년기념관은 조계사가 어린이·청소년 전용 법당과 설법전, 템플스테이 등의 공간으로 활용하기 위해 2011년에 삼오모텔을 인수하여 건립한 것이다.

도심포교100주년기념관을 조성할 당시부터 기획된 관음전은 2013년 완공되기까지 무려 3년이 걸렸다. 당시 총괄조형감독을 맡아 외벽을 비롯해서 실내 디자인, 구성, 작가 선정, 관리 감독 등을 맡은 이가 바로 극락전 탱화를 작업한 박경귀 대표다.

조계사 관음전은 한국불교를 대표하는 사찰로서의 위상과 도심 포교 중심 사찰로서의 역할, 신도뿐 아니라 국내외 관광객들의 참배 도량이라는 지역적·문화적 특성 등을 모두 고려하여, '삶에 지친 도시인을 위한 자비로운 어머니 품 같은 공간'을 목표로 건설되었다. 몸이 불편한 노인과 장애인 불자를 배려해 작은 건물임에도 엘리베이터가 설치되어 있다.

조계사 관음전에 들어서면 가장 먼저 눈에 띄며 놀라움과 감동을 주는 것이 중앙에 계신 주불, 관세음보살이다. 한쪽 다리를 무릎에 올린 반가부좌 자세를 한 관세음보살님 위에 화려한 닫집이 있지도 않고, 높다란 불단 위에 올라앉아 있지도 않기 때문이다. 법당 바닥 중생들과 같은 평면에 여여하게 앉아 계실 뿐이다. 절을 하기 위해 몸을 낮추어 앉으면 우러러보아야 하지만 일어서면 관세음보살과 눈을 맞출 수 있다. 대중과 같은 위치에서, 같은 높이에서 세상을 바라보고 계신 관세음보살. 고통의 바다에서 허덕이는 중생을 부르는 자비로운 목소리가 들리는 듯하다.

"그대여, 망설이지 말고 오라. 편안한 걸음으로 내게 오라."

자비로운 관세음보살상 뒤로는 후불탱화 대신 99분의 관음상이 본존을 바라보고 있다. 과거, 현재, 미래를 상징하는 위치마다 33분의 관세음보살이 자리하니 본존불을 더하여 총 100분의 관세음보살이 계신 것이다. 이는 과거, 현재, 미래 33천에 나투신 관세음보살을 의미하는 동시에 조계사 과거 100년과 현재 100년, 미래 100년을 의미한다.

관음전 관세음보살상 뒤에는 후불탱화 대신 99분의 관음상을 모셨다.

관음전 관세음보살상을 비롯하여 100분의 관음상을 조각한 주인공은 바로 서칠교 조각가다. 특히 주불인 관세음보살은 서칠교 작가의 손에서 탄생한 최고의 걸작이다. 작업하는 순간순간이 곧 기도이자 가피였다는 그는 조계사 관세음보살상을 조각하면서 몇 번이나 신비로운 체험을 했다고 한다. 마침내 점토로 관세음보살님의 얼굴을 완성한 후부터는 그야말로 삼매에 든 사람처럼 작업에 몰두했다. 그리하여 완성된 관세음보살상은 수려한 이마와 훤칠한 눈썹 그리고 단아한 입술까지, 지난 천년의 세월 동안 우리 민족의 마음을 끊임없이 사로잡아온 기품 있고 자애로운 아름다움을 고스란히 보여주고 있다.

주불 좌우에는 관세음보살의 천수천안을 상징하는 1,000개의 인등이 밝혀져 있다. 인등은 관세음보살의 손 모양으로, 손바닥 가운데에는 눈이 그려져 있다. 천 개의 눈으로 중생의 고통을 굽어살피고, 천 개의 손으로 중생의 괴로움을 다독여주시는 관세음보살의 모습에서 따뜻하고 인자하신 어머니의 모습이 겹쳐진다.

약 200㎡(60여 평) 규모의 관음전이 완공되기까지는 무려 3년이 걸렸다. 설계, 조각, 공예, 인테리어 등 일곱 분야의 전문가들이 모여 전형적인 전통 사찰에서 탈피하되 분야별 특징을 살리고 사찰의 전체적인 어울림을 고려한 공간을 만들기 위해 회의를 거듭했다. 그 과정에서 전문가들은 서로 자극을 주고받으며 뜨거운 열정으로 상생의 작업을 이어나갔고 관음전은 점차 지금의 모습을 갖춰나갔다.

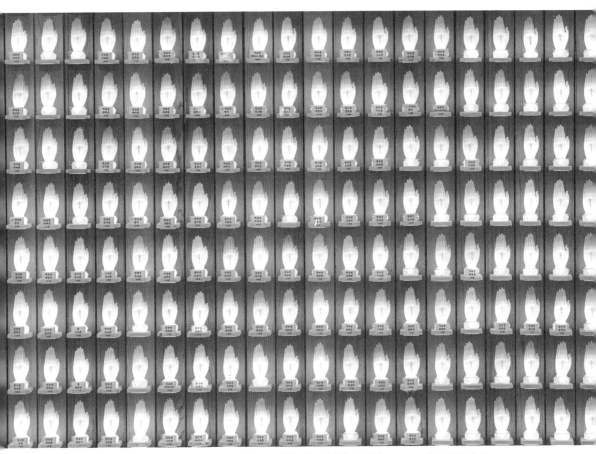

관음전의 관세음보살상 좌우에는 관세음보살의 천수천안을 상징하는 1,000개의 인등이 밝혀져 있다. 인등은 관세음보살의 손 모양으로 손바닥 가운데에는 눈이 그려져 있다.

내부 천장의 반자연화문 단청.

　　내부의 반자연화문 단청은 박경귀 대표가 직접 그렸고 천장에는 보리
수 잎을 본떠 투명하게 조형했다. 전통적인 아름다움은 충분히 살리되
오직 부처님이나 보살님이 중심이 되는 기존 전각이나 법당의 전형성에
서 탈피해, 관세음보살님과 그곳을 찾는 대중들이 자연스럽게 함께 어울
릴 수 있는 공간을 만들기 위해 최선을 다했다. 그렇기에 조계사 관음전
은 사찰이나 불교에 익숙하지 않은 사람들에게 마치 미술관이나 박물관
같은 느낌을 준다.

양류관세음보살
: 중생을 굽어보는 섬세한 조형물

관음전이 자리한 도심포교100주년기념관 건물 외벽에는 금빛으로 조성된 양류관세음보살이 중생을 굽어보고 있다. 멀리서 보면 그림처럼 보이지만 다가서면 평면으로 작업한 섬세한 조형물임을 알 수 있다. 관세음보살은 한 손에는 버드나무 가지를, 다른 한 손에는 감로수병을 들고 있다. 중생의 번뇌를 없애 고통에서 구제한다는 의미다. 관세음보살의 왼편에는 파랑새(관음조) 한 마리가 꽃(우담바라)을 물고 있는데, 희망과 소원이 이루어진다는 뜻을 담고 있다.

도심포교100주년기념관 외벽에 장식된 양류관세음보살상. 중생의 번뇌를 없애 고통에서 구제하려는 관세음보살의 뜻을 담고 있다.

8.
조계사와 호흡을 함께한 역사 터

우정총국 터.

우정총국 터
: 갑신정변이 발발한 곳

오늘날 우체국에 해당하는 우정총국은 1884년(갑신년, 고종 21년) 음력 10월 17일에 설치된 우리나라 최초의 우편 업무 관청으로 근대적 우편 행정 관청이었다. 우정국의 한자를 풀이하면 우편(郵) 업무(政)를 총괄하여(總) 맡아보는 관청(局)을 의미한다.

흥선대원군이 하야하고 고종이 친정을 시작한 지 12년째 되던 해 개국한 우정총국은 역사적으로 매우 큰 의미가 있다. 바로 이 우정총국 개국을 축하하는 기념 연회에서 김옥균을 비롯한 급진 개화파가 갑신정변을 일으킨 것이다. 갑신정변 당시 고종과 명성황후는 급진 개화파에게 인질로 붙잡혀 경운궁(지금의 덕수궁)에 감금되었으나 정변 3일째 되던 날, 청나라 군사의 개입으로 급진 개화파를 제압했다. 그리하여 급진 개화파가 주도한 정변은 실패로 끝났고 김옥균 등은 일본으로 망명했다.

갑신정변의 여파로 인해 우정총국은 개국한 지 겨우 5일 만인 10월 21일에 폐지되었고 10년이 지나 우체사가 설치될 때까지 개화는 한 걸음 늦춰지게 된다. 갑신정변 이후 개화를 지지했던 고종과 명성황후는 자신들의 목숨을 구해준 청나라에 더욱 의존하였고, 급진 개화파는 망명한 자신들을 받아준 일본에 휘둘리게 된다.

구한말, 청나라와 일본은 조선을 두고 끊임없이 힘을 겨뤘다. 조선의 지배층은 때로는 청나라에, 때로는 일본에 의지하며 자주성을 잃었고 결국 국권을 상실하였다. 이 비극적인 역사를 간직한 장소가 바로 조계사 대웅전 뒤쪽에 있는 우정총국(사적 제213호) 터다.

충정공 민영환 집터
: 이천만 동포 형제에게 사죄하노라

조계사 경내는 1905년 을사늑약의 부당함을 고발하고자 마흔다섯 살의 나이로 자결한 충정공(忠正公) 민영환(閔泳煥, 1861~1905) 선생의 집터였다. 그래서 우정총국 터 뒤쪽에 선생의 동상이 서 있었다(선생의 시호를 따서 만들어진 '충정로'로 2022년 8월에 이전되었다).

명성황후의 친정 여흥 민씨 가문 출신인 민영환은 1905년 11월 17일 을사늑약이 체결되자 여기에 서명한 을사오적(乙巳五賊) 박제순(외부대신), 이지용(내부대신), 이근택(군부대신), 이완용(학부대신), 권중현(농상부대신)의 처형 및 조약 파기를 상소했다. 그러나 일본 헌병의 강제해산으로 실패하자 1905년 11월 30일 새벽 6시 청지기 이완식의 집에서 국민, 외교사절, 황제에게 보내는 유서 세 통을 남기고 자결했다. 순국 후 피 묻은 옷과 칼을 상청(喪廳) 마루방에 걸어두었는데 이듬해 5월 상청의 문을 열어보니 대나무 네 줄기가 마룻바닥과 피 묻은 옷을 뚫고 올라왔다고 한다. 사람들은 그의 충정이 혈죽(血竹)으로 나타났다고 하여 이 나무를 절죽(節竹)이라 하였다. 종로구 인사동 공평빌딩 부근 민영환의 자결 터에 기념비가 세워져 있으며, 조계사 앞 우정국로에는 집터임을 알리는 표지석이 서 있다.

민영환은 흥선대원군의 처남이자 명성황후의 친족이었던 민겸호의 장

충정로로 이전하기 전 우정
총국 터 뒤쪽에 서 있던 민
영환 선생 동상.

남으로 백부 민태호의 양자로 입적되었다. 친아버지 민겸호는 뇌물과 재
물을 좋아했던 위인으로 흥선대원군 집권 시에는 정치에서 크게 두각을
드러내지 못했지만 고종과 명성황후가 정권을 장악하자 외척으로 득세
하며 부정부패를 일삼았다. 구식 군인에게 녹봉을 1년 이상 지급하지 않

고, 지급하기로 약속한 1개월분의 쌀에 돌과 모래를 섞어 임오군란의 불씨를 지핀 인물이 바로 당시 선혜청(宣惠廳) 당상 민겸호였다.

임오군란 당시 민겸호는 분노한 군인들의 손에 사망했으나 민영환은 원망의 마음을 갖기보다는 나라를 위해 분골쇄신하는 것으로 책임을 다하고 친아버지의 잘못을 대신 속죄하고자 했다. 그는 1896년 특명전권공사로 러시아 제국의 황제 니콜라스 2세의 대관식에 참석하였고, 1897년 (광무 1년) 또다시 영국·독일·프랑스·러시아·이탈리아·오스트리아-헝가리 6개국에 대한 특명전권공사로 임명되어 외유하였으며 귀국 후 우의정, 좌의정, 영의정을 지냈다.

사망 후 의정대신(議政大臣)으로 추증되었고, 대한제국 고종이 사망한 뒤에는 고종 황제의 능원에 배향되었다. 1946년 민영환 선생의 시호(諡號)인 충정(忠正)을 따 서울시 서대문구에 '충정로'를 제정하였고, 1962년에는 건국훈장 대한민국장을 추서하였다.

〈마지막으로 우리 대한제국 이천만 동포에게 고함〉

오호라, 나라의 수치와 백성의 욕됨이 여기까지 이르렀으니, 우리 인민은 장차 생존 경쟁 가운데에서 모두 진멸당하려 하는도다. 대저 살기를 바라는 자는 반드시 죽고 죽기를 각오하는 자는 삶을 얻을 것이니, 여러분이 어찌 헤아리지 못하겠는가? 영환은 다만 한 번 죽음으로써 우러러 임금님의 은혜에 보답하고, 우리 이천만 동포 형제에게 사죄하노라.

영환은 죽되 죽지 아니하고, 구천에서도 여러분을 기필코 돕기를 기약하니, 바라건대 우리 동포 형제들은 억천만 배 더욱 기운 내어 힘씀으로써 뜻과 기개를 굳건히 하여 그 학문에 힘쓰고, 마음으로 단결하고 힘을 합쳐서 우리의 자유와 독립을 회복한다면, 죽은 자는 마땅히 저 어둡고 어둑한 죽음의 늪에서나마 기뻐 웃으리로다. 오호라, 조금도 실망하지 말라.

- 충정공 민영환 유서 전문

충정공 민영환 집터 자리임을
알려주는 표지석.

보성사 터
: 〈기미독립선언서〉가 인쇄된 곳

조계사 후문 뒤에 있는 수송공원은 보성사(普成社)가 있던 장소다. 보성사는 고종의 측근이던 이용익이 1906년 러시아어 학교 자리에 보성중학교를 설립하면서 학교 교재 출판을 위해 학교 안에 설치한 한국 최초의 인쇄소다. 보성사는 30평 규모의 2층 기와 벽돌집으로 교회 서적 및 학교 교과서 인쇄에만 그친 것이 아니라 한국 출판문화 향상에도 크게 공헌하였다.

1910년 보성사는 재정난으로 인하여 천도교로 경영권이 넘어가게 되는데, 바로 이때부터 역사적으로 더욱 중요한 의미를 지니기 시작한다. 1919년 3·1운동 당시 보성사의 소유주이기도 했던 천도교 교주 의암 손병희의 특명으로 육당 최남선이 초안을 집필하고 민족대표 33인이 서명한 〈기미독립선언서〉가 인쇄된 것이다. 1919년 2월 27일 밤, 보성사에서는 〈기미독립선언서〉 3만 5천 매를 인쇄하였고 인쇄된 선언서는 서명한 민족대표의 연고지인 서울, 평양, 청주, 용강, 해주, 선천, 원산, 의주 등지로 철도편을 통해 전달되었다.

1919년 3월 1일, 이른 아침 〈기미독립선언서〉가 배달되었고 곳곳에 격문이 붙었으며, 같은 날 보성사에서는 지하신문 〈조선독립신문〉 제1호 1만 5천 부를 극비리에 인쇄, 발행하였다. 이렇게 보성사에서 인쇄된 〈독

보성사는 한국 최초의 인쇄소였다. 최초라는 역사적 가치만이 아니라 〈기미독립선언서〉와 〈조선독립신문〉을 인쇄한 독립운동의 정신을 지닌 곳이다.

립선언서)와 〈조선독립신문〉을 통해 독립을 염원하는 조선 팔도 백성들의 간절한 바람이 모여 마침내 3·1운동을 진행할 수 있었다.

보성사에서 〈조선독립신문〉을 발행하자 이에 고무되어 전국 각지에서 〈신조선신문〉, 〈조선민보〉, 〈국민신보〉, 〈혁신공보〉 등이 연달아 간행되었고, 이것이 독립운동의 길잡이가 되었다. 3·1운동 이후 일본 경찰은 보성사를 즉각 폐쇄하였으며 1919년 6월 28일에는 건물을 태워버렸다. 이후 터만 남아 오늘에 전한다.

9.
조계사 마당의 나무와 천진불

조계사 경내를 지키고 있는 백송과 회화나무.

백송(白松)
: 천연기념물 제9호

근현대 역사유물이 가득한 조계사의 마당을 지키고 있는 생명이 있다. 500년을 훌쩍 넘긴 백송(천연기념물 제9호)과 450년 넘게 그 자리를 지켜온 회화나무(서울시 지정보호수 서1-9호)다. 이 오래된 두 그루의 나무는 각황사가 태고사로, 태고사가 불교 정화운동을 거쳐 다시 조계사로 거듭나는 것을 묵묵히 지켜보았다. 대웅전을 해체, 보수하고 새롭게 삼존불을 모시고 일주문과 세존사리탑이 조성되는 과정도 흐뭇한 마음으로 바라보았을 것이다.

이제는 조계사 가족들이 그동안 조계사를 든든하게 지켜준 이 나무들을 보호하고 있다. 이 두 나무는 주로 사대부가에서 볼 수 있는 나무이고, 옮겨 심으면 적응을 잘 못하는 품종들이며, 수령도 비슷하여 한집에서 쭉 자랐던 것으로 추측하는 것도 무리가 아닐 것이다. 조선 후기 한양의 흥망과 성세를 모두 지켜보았고, 한국불교의 재건과 조계사의 창건을 묵묵히 바라봐온 두 나무를 이제는 우리가 아끼고 사랑해야 할 것이다.

일주문에서 대웅전을 향해 가는 중간쯤에서 발길을 약간 오른쪽으로 돌리면 그곳에 500년 된 하얀 소나무가 서 있다. 500살이라면 임진왜란 전부터 살아왔을 터인데 그 나이가 무색하게 날씬하고 아담한 모습이다. 백송은 중국 북부지방이 원산지로, 중국에 사신으로 간 관리들이 그 기

천연기념물 제9호인 백송은 조계사는 물론 서울의 역사를 다 지켜본 수령 500년을 훌쩍 넘긴 나무다.

품 있는 생김새에 반해 묘목을 가져와 자기 집 뜰에 심으면서 우리 땅에 자리 잡기 시작했다고 한다.

보호수로 지정된 백송 대부분이 경기도와 서울 지역에 있다. 이는 중국에 사신으로 오가던 고위 관리들이 주로 서울과 경기도에 살았기 때문이다. 백송은 옮겨심기가 까다롭고 번식력이 약해 더욱 귀한 대접을 받았다. 무엇보다 백송은 성장도 느렸다. 10년 동안 50cm 정도가 자란다고 하니 백송이 어른의 키를 넘어 자라는 것을 보려면 한평생이 걸리는 셈이다. 이러한 까닭에 100살이 되면 특별 보호수로 관리한다.

백송은 일반 소나무와는 사뭇 달라서 자라면서 나무껍질이 점점 흰색으로 변하는 것이 특징이다. 흰색의 나무줄기는 백의민족을 연상시켜, 깨끗한 선비의 삶을 추구하는 우리 선조들의 사랑을 듬뿍 받았다.

5월에 꽃이 피는 백송은 15m까지 클 수 있다고 한다. 높이 14m, 뿌리 둘레 1.85m에 이르는 조계사 백송은 그 오랜 세월 동안 얼마나 많은 사람이 태어나고 자라고 늙어가는 모습을 지켜보았을까.

회화나무
: 앞마당을 지키는 신목

대웅전 앞마당에 우람하게 서 있는 회화나무는 백송에 비해 쉰 살이 어린 동생이다. 하지만 하늘로 쑥쑥 올라간 키나 옆으로 쭉 뻗은 가지는 훨씬 풍성하다. 여름이면 시원한 그늘을 선사하고 가을이면 단풍의 정취를 물씬 느끼게 해준다.

천년을 사는 회화나무는 가장 늦게 잎이 돋고 가장 늦게 잎이 지는 여유로운 성품의 나무다. 그 모습이 군자를 닮았다고 하여 군자목 또는 선비나무로도 불린다.

오랜 세월을 살아낸 산천초목의 영험함을 믿었던 중국과 우리나라에서는 회화나무를 진실과 거짓을 가리는 힘이 있는 신목(神木)으로 생각했다. 그래서 재판관들은 회화나무를 들고 송사를 다루기도 했고, 정치가들은 회화나무가 장래의 길흉을 예고한다고 믿어 나무의 변화에 각별한 관심을 가졌다. 중국에서는 궁궐 뜰에 회화나무 세 그루를 심어놓고 세 정승이 그 나무 아래에 각각 앉아 정사를 보게 했다는 기록도 있다. 또한 회화나무는 학문과 지혜를 상징하고 입신양명의 염원을 담고 있다 하여 예부터 궁궐이나 사찰, 향교, 양반집 뜰에 반드시 심었다고 한다. 회화나무를 집 안에 심어서 잘 키우면 큰 학자나 훌륭한 인물이 나와 가문이 번창한다는 믿음이 민간에 뿌리를 내리고 있었다.

회화나무는 학문과 지혜를 상징하고 입신양명의 염원을 담고 있다 하여 예부터 궁궐이나 사찰, 향교, 양반집 뜰에 흔히 심었던 수종이다.

예전에 조계사 부근은 소나무와 더불어 회화나무가 숲을 이뤘다 하여 한때 '회화나무 우물골'이라 불리기도 했다. 조계사 대웅전 앞마당을 지키고 있는 회화나무는 키 26m에 줄기 둘레가 4m에 이르는 웅장한 거목이다. 매년 풍성한 나뭇잎과 향기로운 꽃으로 참배객들을 맞이하고 가을이면 염주를 닮은 열매를 맺으며, 무엇보다 부처님오신날이 되면 회화나무 아래로 오색 연등이 펼쳐지는 장관이 연출된다. 조계사 불자들의 신심을 지켜주는 보배로운 나무다.

천진불
: 반달눈의 아기 부처님

백송 바로 앞에는 귀엽고 사랑스러운 부처님이 앉아 있다. 예쁜 모자를 쓴 것 같은 동글동글한 나발과 포동포동한 볼, 도톰한 입술과 따라 웃게 되는 반달눈의 주인공은 바로 아기 부처님, 천진불이다.

조계사 대웅전 중수 불사(2002~2006) 회향이 얼마 안 남은 2006년 3월 22일, 천연기념물 백송 아래 천진불이 봉안되었다. 당시 대웅전은 막바지 보수공사를 위해 비계가 설치되어 있었고 인부들은 분주했다. 봉안식의 정점인 제막식. 천진불상을 덮은 막을 걷어내자 해맑은 웃음이 도량에 퍼지기 시작했다. 견아형자득해탈(見我形者得解脫; 내 모습을 보는 이는 해탈을 얻게 하소서) 친구같이 다정하고 친근한 웃음을 함박 머금은 천진불의 미소에 조계사 참배객들은 저절로 모여들었다. 따뜻한 봄날, 봉안하고 얼마 되지도 않았는데 천진불은 조계사 신도들의 인기를 독차지하였다.

천진불은 미래 불교 100년의 주인공인 어린이 불자들이 조계사 도량에서 마음껏 웃으며 건강하고 활기차게 뛰어놀기를 바라는 마음을 담아 제작되었다. 아이들의 얼굴을 닮은 천진불을 보면서 어른들은 순수함을 떠올리고, 어린이들은 부처님께 더욱 친근하게 다가갈 수 있어 언제나 인기 최고다.

조계사 신도는 물론이고 관광객들조차 이 천진한 모습의 아기 부처 앞에서는 웃음
을 짓지 않을 수 없다.

The future of **Jogyesa**

3부 조계사의 도심 포교

발자취와 미래

일제 치하였던 1920년 당시 우리나라(당시 식민지 조선)의 불교 신도 수는 조선총독부 공식 집계에 의하면 16만여 명에 불과했다. 사대문 안에 세워진 첫 도심 사찰로 조계사가 출범한 이후 채 100년이 지나지 않은 1985년 한국의 불교 신도는 805만여 명으로 증가했다. 우리나라 인구가 3배 정도 증가하는 동안 불자는 50배 넘게 늘어난 것이다. 이러한 성과를 거둔 원동력은 한국불교 총본산이 세워져 불교계가 통일된 종단 움직임을 형성하고 국민 생활과 밀착하여 도심에서 포교 활동을 적극적으로 벌여온 덕분이다. 도심 포교 1번지로서 조계사가 걸어온 길이 그만큼 한국불교의 성장과 발전에 커다란 발자취를 남긴 것이다. 3부에서는 조계사가 도심 포교, 새로운 전법 활동을 벌여온 과정과 현재 그리고 또 다른 백 년의 미래를 조감해본다.

1.
불교 전문 교육의 초석을 다지다

조계사 불교대학

불교 발전을 위해서는 전법 활동의 체계화가 반드시 필요하며, 전법 활동의 근간에는 불교 교리에 대한 전문 교육 과정이 요청된다. 조계사는 대한민국 수도 서울 한복판에 위치한 공간적 특성과 근대 불교의 산실이라는 역사적 내력에 걸맞게 불교 교육에 오랫동안 심혈을 기울여왔다. 그 대표적 성과 중 하나가 조계사 불교대학으로, 도심포교100주년기념관 뒤쪽에 자리한 조계사 교육문화센터에서 교육이 이루어진다.

1989년 10월 여성불교 교양대학으로 출발한 조계사 불교대학은 1991년까지 3년도 채 되지 않아 무려 500여 명의 불자들이 공부하는 등 뜨거운 호응을 얻었다. 이에 1991년 1월부터 불교학과, 불교아동학과 등 학과를 2개로 늘리고 1년제 불교대학을 신설했다. 신앙을 넘어 체계적인 불교 공부를 원하는 사람들은 생각보다 훨씬 많았다.

1년제 불교대학을 신설한 이듬해인 1992년부터는 여성불교 교양대학과 1년제 불교대학을 통합하여 현재의 2년제 조계사 불교대학으로 개편했다. 이로써 교육의 질적 향상이 이루어졌고 불교 전문 교육제도가 마련되었다. 1994년, 백여 명이 넘는 불자들이 조계사 불교대학을 졸업한 것을 시작으로 지금까지 3천 명이 넘는 졸업생을 배출했다.

조계사 불교대학은 동문의 유대감이 깊은 것으로도 유명하다. 졸업 후 전문 포교사로 활동하기도 하고 도반들과 함께 봉사활동을 하며 부처님의 자비가 필요한 곳이면 어디든 달려간다. 조계사 불교대학 동문이라는 이름은 정식으로 부처님의 가르침을 배웠다는 불자들의 자부심이기도 하다. 조계사 불교대학 졸업생들의 특징은 가족이나 친구끼리 동문 선후배인 경우가 많다는 것이다. 부모가 졸업하고 나면 자식들이 뒤를 이어 입학하는 일이 잦다. 시어머니와 며느리가 선후배가 되기도 한다.

부처님의 가르침을 가정과 일상에서 실천하다 보니 부부 사이나 부모 자식 사이가 화목해졌다는 이야기도 많다. 같은 공부를 하면서 가족끼리 대화가 늘고, 함께 신앙생활과 봉사활동을 하면서 서로를 깊이 이해하게 되었다는 것이다. 가족을 넘어 서로를 도반으로 받아들인 사람들은 지금도 조계사 곳곳에서 봉사활동을 하며 부처님의 가르침을 열성적으로 전하고 있다.

한국불교 발전의 초석이 될 전문 인력을 양성해온 조계사는 불교 공부를 더 심도 있게 하고자 하는 불자들을 위해 2002년 불교계에서 처음

조계사는 근대 불교의 산실이라는 역사적 내력에 걸맞게 불교 교육에 오랫동안 심혈을 기울여왔다. 그 대표적 성과 중 하나가 조계사 불교대학이다.

으로 조계사 불교대학원을 설립했다. 불교대학과 마찬가지로 2년 4학기 과정인 불교대학원은 조계사 불교대학을 수료했거나 조계종 포교원이 인가한 불교 관련 대학 졸업생만 지원할 수 있다. 지원 자격이 까다로운 만큼 불교대학원 역시 동문 간의 우애가 깊다. 동문회를 통해 2년 동안 함께 공부하고 봉사하면서 쌓은 인연의 소중함을 계속 이어가며 조계사의 각종 행사나 힘든 일이 있을 때마다 앞장서서 모범을 보인다.

매년 2월에는 조계사 불교대학과 불교대학원 졸업식을 대웅전에서 봉행하는데, 학사모를 쓰고 졸업장을 받는 불자들의 얼굴에는 뿌듯함과 자긍심이 넘친다. 졸업생들을 축하하기 위해 조계사를 찾은 가족들과 친구들이 마당을 가득 채운 진풍경도 만날 수 있다.

불교기본교육

2년 4학기제로 운영되는 불교대학이 부담스럽거나 조금 더 가볍게 불교를 접하고 싶은 이들을 위한 교육과정도 준비되어 있다. '불교란 무엇인가' '사찰에서 지켜야 할 기본 예절' 및 '부처님의 생애' 등을 배울 수 있는 불교기본교육은 조계사에서 가장 인기 있는 강좌다.

조계사를 찾는 사람 중 많은 이들이 불교기본교육을 통해 부처님과의 첫 인연을 맺는다. 불교를 잘 모르는 사람이나 오랫동안 신앙으로 불교를 접해왔으나 정작 부처님에 대해서는 잘 알지 못하는 사람들 모두 불교기본교육을 수료한 후 큰 만족감을 보였다.

불교기본교육은 출석도 중요하지만 과정에 포함된 두 차례의 봉사활동에 동참하지 않으면 수료가 불가능하다. 봉사활동을 하고 싶은 사람들은 불교기본교육을 통해 봉사를 시작하기도 한다. 불교기본교육 과정은 지금까지 100회 넘게 진행되며 수많은 수강생을 배출해왔는데 불교 '전문' 교육 중 가장 친근하며 대중적인 강좌로 사랑받고 있다. 수료식은 조계사 대웅전에서 봉행하며, 기본 소양을 갖춘 불자로 거듭난 것을 기념한다. 불교기본교육 과정을 수료하면 신도증이 발급된다.

경전교육

경전교육은 《반야심경》과 《천수경》 그리고 조계종 소의경전인 《금강경》을 공부하는 프로그램이다. 《반야심경》은 우리나라에서 가장 널리 독송되는 경으로 완전한 명칭은 '마하반야바라밀다심경(摩訶般若波羅蜜多心經)'이다. 수백 년에 걸쳐서 편찬된 반야경전의 중심 사상을 270자로 함축시켜 서술한 경으로, 불교의 모든 경전 중 가장 짧으며 우리나라 불교 의식에서 기본적으로 독송하는 경전이기도 하다.

《반야심경》을 널리 알린 인물은 소설 《서유기》의 주인공이자 실존 인물인 당나라의 고승 현장 법사다. 현장 법사는 불경의 3요소인 경장(經藏), 율장(律藏), 논장(論藏)에 모두 통달해 삼장법사라 불렸는데, 불교에 익숙하지 않은 사람에게는 이 이름으로 더 알려져 있다. 현장 법사는 경을 얻으러 가는 긴 여행길에서 어려움을 만날 때마다 《반야심경》을 독송하여 고난에서 벗어났는데, 현장 법사의 제자 혜립이 쓴 《대당대자은사삼장법사전》에는 이렇게 기록되어 있다.

'현장이 사막의 악귀들을 만났을 때 관음보살의 명호를 읊어도 길을 막으려는 악귀들을 쫓아낼 수 없었지만 《반야심경》을 읊자 악귀들이 모두 사라졌다.'

《반야심경》은 믿음을 강조하거나 복을 구하는 내용이 아니라 부처님 가르침의 정수를 담은 경전으로, 읽을수록 그 의미와 가피가 무궁무진하다.

《천수경》은 불교 의식 때 사용되는 기본 경전이다. 《천수경》의 주인공은 관세음보살로 우리나라를 비롯해 불교권에서 가장 사랑받는 보살이다. 서방 극락정토에 상주하는 아미타부처님을 모시는 관세음보살은 아름다운 외모와 자비로운 마음씨로 사람들에게 사랑을 받는다. 불상과 불화 중에서도 관세음보살이 단독 주인공인 작품이 많다. 《천수경》은 관세음보살이 부처님께 청하여 허락을 받고 설법한 경전으로, 완전한 명칭은 '천수천안관자재보살광대원만무애대비심대다라니경(千手千眼觀自在菩薩廣大圓滿無碍大悲心大陀羅尼經)'이다.

한없이 자비로운 관세음보살은 모든 중생을 안락하게 하여 병을 없애주고, 장수와 풍요를 얻게 하고 일체 악업 중죄와 모든 장애를 없애주며 모든 일을 성취하게 한다. 《천수경》은 소원을 성취하고자 하고 복을 구하는 사람들이 가장 자주, 가장 많이 독송하는 경전으로, 《천수경》 수업은 경전의 참 의미를 제대로 알고자 하는 사람들에게 사랑받고 있다.

조계사의 《금강경》 경전수업은 특히 인기가 많고 유명한 수업이다. 조계종 소의(所依)경전인 《금강경》은 《반야심경》과 더불어 가장 대표적인 대승경전으로, 완전한 명칭은 '금강반야바라밀경(金剛般若波羅蜜經)'이다. 풀이하면 '마음속의 분별, 집착, 번뇌 등을 부숴버려 깨달음으로 이끄는 강력한 지혜의 경'이라는 의미를 지니고 있다.

《금강경》은 부처님과 부처님의 제자 수보리가 서로 주고받는 대화로 구성되어 있는데, 모르고 독송할 때와 경전을 배우고 독송할 때의 의미가 전혀 다르게 다가오는 경전이기도 하다. 이러한 이유로 《금강경》을 만난 후 《금강경》을 인생의 지침으로 삼는 이들이 많다.

문화아카데미

불자뿐 아니라 시민들도 자유롭게 참여할 수 있는 문화·교양 아카데미로는 서예, 다도, 명상, 요가, 불화 등이 있다. 다도와 명상, 요가는 직장인들에게도 인기가 높으며, 불화 수업과 서예 수업은 수강생들의 열정이 대단하다. 직장인들은 조계사 문화아카데미를 통해 심신의 균형을 찾고 치유를 얻었다며 고마움을 전하고, 어르신들은 삶의 활력을 찾았다고 고백하기도 한다.

조계사 선림원(禪林院)

조계사 선림원은 불교의 전통 수행법인 참선을 체계적으로 공부하고 체험하면서 수행하는 재가 불자 양성을 목적으로 2011년 개원하였다. 선림원은 2년 동안 선어록 공부와 함께 참선 정진하는 실참의 시간을 갖도록 커리큘럼이 짜여 있다. 선림원 수행 과정은 재가 불자들이 조사 스님들의 어록이나 선수행을 하는 데 필요한 선서(禪書)를 선정하여 집중적으로 공부할 수 있도록 편성하였고, 전국 선원의 선원장급 스님들을 강사로 초청하여 활발한 선수행의 기운을 접할 수 있도록 하였다. 2011년 1기 50명을 시작으로 2024년 현재 선림원 18기까지 운영되고 있다.

2011년 개원한 조계사 선림원에서 참선 중인 불자들.

선림원은 10여 년이라는 짧은 기간이긴 하지만 수행하는 조계사의 모습을 보여주었다. 대표적으로 매년 동·하안거 기간 진행되는 '토요철야참선', 행선과 명상을 접목한 '걷기명상', 전국의 선원을 방문하여 선방 스님들과 함께 정진하는 '선방체험 프로그램' 등이 그것이다.

선림원 교육과정을 마친 졸업생들은 '조계사 자율선원'과 지역 사찰 선원에서 수행 정진한다. 특히 조계사 자율선원에서는 선림원 과정 이수 자들이 매일 좌복 위에서 치열하게 수행 정진하고 있다. 조계사 선림원은 재가 불자들의 참선 교육과정 기관으로서 역할을 다하며, 수행하는 재가 불자 양성을 위해 더욱 정진해갈 것이다.

2.
문화 전법의 산실, 조계사

대중문화 공간의 확충

안심당(安心堂)

도심포교100주년기념관 옆에 자리한 안심당은 수송빌딩과 현대장 여관 건물 등을 매입하고 해체한 자리에 지하 2층, 지상 3층 규모로 2008년 완공되었다. 시민 선방을 비롯해 3층 옥상 법당에서는 불자들이나 일반인들이 불교의 전통 수행법인 참선을 경험하고 공부할 수 있는 참선 수행 프로그램 교육이 이루어지고 있다.

안심당 3층 법당에서는 참선 교육 외에도 신도 단체들의 다양한 문화 모임이 진행된다.

문화아카데미 다도(왼쪽)수업과 안심당(오른쪽).

일소정

안심당 1층에서 만발공양간으로 연결되는 곳에 조계사 가족들의 작은 쉼터인 '일소정(一笑亭)'이 있다. '들어가면 한 번 웃고 나오는 곳'이라는 의미를 담은 일소정은 신도들이 편하게 쉴 수 있는 공간이 부족한 문제를 해소하기 위하여 만들었다. 냉방과 난방 시설이 완비된 일소정에서는 점심 공양을 마친 후 도반들과 차 한잔을 나누며 담소하는 조계사 신도들의 모습을 볼 수 있다.

만발공양간

만발공양간은 조계사 신도들의 점심 공양을 책임지고 있는 공양간의 이

일소정(왼쪽)과 만발공양간(오른쪽).

름이다. 만발(萬鉢)이란 '만 개의 발우'를 말하며 무량한 공양을 베푼다는
의미를 가지고 있다. 만발공양간은 한 번에 300여 명을 수용할 수 있는
큰 규모를 갖추었으며, 조계사를 찾은 가족들이 따뜻하고 맛있는 공양
을 드실 수 있도록 책임자들과 봉사자들이 날마다 정성을 다하여 음식
을 만들고 있다.

모래놀이터와 수유실

조계사 마당에서 관음전으로 가는 길목에 앙증맞은 모래놀이터가 생겼
다. 조계사 선재어린이집이 개원하면서 어린이들의 방문이 잦아지자 아
이들이 놀 수 있는 공간을 만들어주기 위해 2016년 4월 조성되었다.

휴식 및 복지 공간인 수유실, 모래놀이터.

　모래놀이터는 아이들이 무척 좋아하는 공간으로, 유아법회가 있는 일요일을 비롯해 공휴일이나 주말이 되면 작은 삽과 양동이를 들고 모래성을 쌓는 아이들로 붐빈다. 아이들이 즐겁게 노는 모습을 보면서 흐뭇한 미소를 짓는 불자님들도 함께 만날 수 있다.

　모래놀이터 위쪽으로는 아주 작은 건물이 있다. 바로 수유실이다. 어린아이가 있는 젊은 엄마들이 조금 더 편안하게 사찰과 법당을 찾아 기도하고 신행 생활을 할 수 있도록 돕기 위해 마련된 공간이다. 조계사 수유실은 전국 사찰 최초로 만든 배려 공간으로, 아이 때문에 법당에 들어가지 못한 채 마당만 서성이던 젊은 엄마들은 물론 축제 때면 아이들과 함께 조계사를 찾는 불자들에게도 사랑을 받는 공간이다.

조계사 수유실이 생기면서 아이를 낳고 키우며 그 어느 때보다 부처님의 가피와 위로가 절실한 젊은 엄마 불자들이 안심하고 아이와 함께 사찰을 찾는 일이 늘어나고 있다. 조계사 가족들도 아이와 함께 사찰을 찾는 젊은 엄마들을 적극적으로 응원하며 불교의 미래인 아이들이 건강하고 희망차게 자라길 기도하고 있다.

베이커리 조

2024년 10월 23일, 조계사 국수가게 '승소'가 10여 년의 영광을 마감하고 커피와 차, 빵을 파는 '베이커리 조'로 새롭게 문을 열었다. 기존 신도뿐 아니라 소위 MZ세대를 위한 전법(傳法)의 편한 쉼터가 목표다. 아침 8시부터 저녁 7시까지 연중무휴로 운영하며 커피와 수제 차 외에 여러 종류

커피와 차, 빵을 파는 '베이커리 조'와 로고.

조계사는 불자는 물론이고 시민들과 외국인들이 도심 속에서 사찰과 불교 문화의 향기를 좀 더 깊이 체험할 수 있도록 템플스테이를 실시하고 있다.

의 빵을 직접 굽고 있어 주변 직장인들에게도 인기가 많다. '베이커리 조'
는 운영을 위한 봉사자만 10여 명이 넘고 정기적인 교육을 통해 인력 수
급에 노력하고 있다. 조계사의 조(曹) 자(字)를 형상화한 로고는 불교 굿즈
에도 활용도가 높아 다양한 불교상품 개발로 이어지길 기대하고 있다.

바쁜 일상의 쳇바퀴를 벗어나지 못하는 도시인들에게 편안한 휴식과 명상의 시간, 불교 문화 체험을 제공하는 템플스테이가 인기를 끌고 있다.

템플스테이

경복궁에서 인사동, 창경궁을 잇는 전통문화벨트의 한가운데에 자리한 조계사에는 전통을 이어가는 불자들과 도시의 하루를 살아가는 현대인들의 발길이 끊이지 않는다. 복잡한 도시 한가운데에서 담도 경계도 없는 기도와 수행의 공간이라는 독특한 조계사 도량의 위상은 시민과 외국인 관광객의 눈길을 끌 수밖에 없다.

조계사는 불자는 물론이고 시민들과 외국인들이 도심 속에서 사찰과 불교 문화의 향기를 좀 더 깊이 체험할 수 있도록 템플스테이를 실시하고 있다. 조계사에는 불자들과 방문객들 사이에 그 어떤 벽도 없다. 그저 함께하고자 한다면 곧바로 참여할 수 있게끔 일주문과 법당이 누구에게나 열려 있다.

수많은 불자들로 가득 찬 대웅전에서는 하루의 시작과 끝을 알리는 새벽예불과 사시불공, 저녁예불이 장엄한 울림을 전한다. 또한 전국 곳곳에서 모신 큰스님들의 법문 말씀이 들리고, 기도와 수행, 봉사와 불교 공부를 위해 날마다 많은 사람들이 조계사를 찾는다.

분주한 가운데 고요함을 놓치지 않고, 치열하게 살되 따뜻함을 잃지 않고자 하는 사람들에게 조계사 템플스테이는 새로운 만남이며 불교 문화 체험이다. 현재 조계사 템플스테이는 당일형, 1박 2일 체험형, 1박에서 3박 4일까지 머물 수 있는 휴식형 등 다양한 유형의 프로그램을 운영하고 있다.

조계사 템플스테이는 체험형, 휴식형 등 다양한 프로그램으로 운영하고 있다.

3.
조계사의 신도와 도반 활동

'우리동네 조계사'

도심 사찰 중에서도 조계사의 존재감은 특별하다. 대한불교 총본산이라는 역사적 의미나 무게와 달리 담장조차 없는 열린 도량은 신도들과 스님들뿐 아니라 호기심에 찬 관광객들과 점심시간에 산책 나온 직장인들로 날마다 북적거린다. 신앙생활을 위한 공간을 넘어 누구나 친근함을 느낄 수 있는 공간으로 거듭나고 있는 조계사는 사찰의 문턱을 낮추고 눈높이를 맞춰 누구나 쉽게 찾는 불교가 되기 위해 노력 중이다. 남을 배려하는 것은 불교의 정신이자 포교의 핵심이기 때문이다.

조계사에는 신도회 근간 조직인 '우리동네 조계사' 지역 모임이 있다. 2011년 10월 '찾아가는 조계사'라는 취지로 출범, 서울 및 경기 지역에 30개가 넘는 지역 모임이 뿌리를 단단히 내리고 있다. 불자들은 혼자 절에 다니는 사람들이 많다 보니 도반의 따뜻함을 느끼기 힘든 경우가 종종 있다. 바쁘거나 아플 때 챙겨주는 도반, 기쁘거나 힘든 일이 있을 때 함께 웃고 울어주는 도반이 있다면 신앙생활에 큰 힘이 될 것이다. 우리 동네에서 만날 수 있는 나의 도반들, 지역 모임은 이런 취지에서 시작되었다.

　절에 오기 어려운 이들을 위해 한 달에 한 번 모임과 법회를 가지며 작은 조계사 역할을 해온 '우리동네 조계사'는 출범한 이후 서울 전역과 경기도까지 쭉쭉 뻗어나가기 시작했다. 우리 동네에 '절 친구', '절 언니', '절 동생'이 있다는 것은 큰 힘이 된다.

조계사 풍물팀이 대웅전 앞마당에서 공연을 하고 있다.

'우리동네 조계사'가 자리를 잡으면서 지역 신도들의 소통이 원활해졌고 소속감과 결속력은 신도들에게 자긍심을 주었으며 이는 신행과 봉사로 이어지고 있다.

조계사 청년회

한국불교 1번지, 도심 포교의 진원지로서 조계사의 미래는 청년 세대에게 달려 있다고 해도 과언이 아니다. 이러한 자각으로 조계사 신도들 가운데 한국불교의 미래를 위해 정진하는 청년 불자들의 모임이 운영되고 있다.

조계사 청년회는 1977년 6월 4일 창립되었으며 '소통과 배려로 수행하는 청년'이라는 슬로건 아래 처음 마음으로 정진하는 청년회, 함께 실천하는 도반이 되기 위해 노력하고 있다.

청년회 활동을 하려면 연수원에서 2개월 과정을 먼저 수료해야 한다. 기초 교리 강의는 기본적인 불교 교리, 신행 생활, 찬불가를 중심으로 이루어진다. 특히 연수교육 중 '사찰 예절 및 불교 교리' 수업에서는 사찰 생활을 체계적으로 배울 수 있는 기회가 주어진다.

청년회는 본회와 연수원 외에 예불 수행부, 참선 수행부, 사찰 문화부, 찬불 수행부, 생활 불교부, 대학생부 등의 기본 조직 구성을 가지고 있으며, 청년들이 원하는 활동 내용과 취향 또는 배움을 중심으로 여러 동아리와 배움터를 다양하게 운영하고 있다.

조계사 청년회 사찰안내팀이 연꽃 만들기 무료체험을 진행하고 있다.

종무행정 자원봉사와 가피봉사단

이타행을 추구하는 불교 사상에는 그 자체로 현대적 의미의 자원봉사 정신이 담겨 있다. 조계사의 자원봉사는 크게 신도를 중심으로 한 종무행정 자원봉사와 가피봉사단이라는 두 가지 형태로 운영된다.

종무행정 자원봉사에 참여하려면 조계사를 재적 사찰로 한 신도여야 하며, 불교기본교육 이상을 한 수료자로서 조계사 자원봉사자 교육을 이수한 사람이어야 한다는 자격 조건이 붙는다. 행정, 접수, 교육, 홍보, 기

소외된 이웃과 나누기 위한 김장을 담그는 봉사자들.

도, 민원, 불사 등 종무행정 지원 업무와 신도들이 신행 활동을 하는 데 불편함이 없도록 돕는 역할을 다하기 위해서는 어느 정도의 자격 조건이 필요하기 때문이다.

　가피봉사단은 소외된 이웃을 찾아 도움을 드리는 활동을 통해 더불어 행복한 사회로 나아가는 것을 목적으로 조직된 비영리민간단체로, 많은 조계사 신도들이 일반 시민들과 함께 참여하고 있다. 2018년 8월 '함께하는 행복나눔 가피자원봉사단'으로 출범하여 독거노인, 한부모가

정, 차상위계층, 청소년 쉼터, 환경미화원, 다문화가정 지원 사업과 집수리 봉사, 의료 봉사 등 지역사회의 소외된 이웃을 위한 활동과 문화재 지킴이 활동, 사전연명의료의향서 작성에 관한 상담 및 등록 업무 등 사회의 건전한 발전을 위한 다양한 활동을 해오고 있다. 2019년 8월 '행복나눔 가피봉사단'이라는 명칭으로 개명한 데 이어 서울시 비영리민간단체(NPO)에 정식 지정되었다.

어린이회와 중·고 학생회

자라나는 세대들에게 불교와 만날 수 있는 환경을 만들어주고 미래의 불자를 양성하기 위해 조계사는 어린이와 청소년을 대상으로 여러 활동을 벌여왔다.

먼저 1962년 6월 개설한 조계사 청소년 법회는 부처님의 가르침을 받들어 보다 성숙한 청소년으로 성장하기 위한 법회를 봉행하며, 다양한 특별활동을 통해 사춘기 청소년들의 쉼터로 자리매김하고 있다. 중학교 1학년부터 고등학교 3학년까지가 대상이다.

조계사는 어린이 불자 양성을 위해 1978년 9월 10일 조계사 어린이회를 개설했다. 어린이들이 보다 쉽고 체계적으로 불교를 접할 수 있도록 매주 법회를 봉행하고, 학교 교과 간의 연계성과 학생의 발달단계를 고려하여 저학년·고학년으로 구분하여 의식과 교리 중심의 법회와 적성 계발을 위한 특별활동으로 나누어 편성 운영한다.

어린이회와 청소년회는 합창, 밴드 등 특별활동도 다채롭게 펼치고 있다.

    이 밖에도 조계사 유아·어린이·청소년 법우들의 가족들로 구성된 어린이 청소년지원팀을 운영하고 있으며 소년소녀 합창단, 청소년 밴드 등의 특별활동도 마련되어 있다. 또한 조계사 어린이·청소년 오케스트라 운영도 활발히 진행되고 있다.

4.
시민 생활 속 조계사

조계사의 사회 참여

노인과 어린이들을 위한 봉사를 통해 풍부한 경험을 갖춘 조계사는 2012
년 10월 종로구와 일자리나눔 업무 협약을 체결하고, 사찰 내 '일자리나
눔터'를 개설했다. 일자리를 찾는 사람과 일할 사람을 찾는 업체를 연결
해주는 역할을 맡은 것이다. 조계사는 2012년부터 일자리나눔터를 운영
하며 구인 구직자들에게 일자리 및 취업정보를 제공하고 있는데, 그동안
조계사 일자리나눔터를 다녀간 구직자는 2천여 명에 달하며 이 중 취업
에 성공한 구직자는 800명이 넘는다.

　매년 10월 진행되는 '조계사&종로구 일자리나눔 채용박람회 1·9DAY'
에는 주지 스님과 종로구청장 혹은 구청 직원이 일일 취업 상담사로 변신
하여 구직자들의 고충을 듣고 취업을 위한 상담도 한다. 그 외에 구직 컨

조계사가 종로구청과 함께 개최하는 채용박람회.

설팅과 현장 채용 면접, 취업교육 안내 등을 진행하는데, 구직자를 찾는
다양한 업체들이 참가하여 열띤 경쟁을 벌인다.

조계사는 구직표 및 이력서 작성법, 면접기술 등을 알려주는 구직 컨
설팅을 비롯해 신임 경비 교육 및 어르신 취업 지원 교육 프로그램도 지
원하고 있다. 그 결과 2018년에는 36개 구인업체가 참여했으며, 2019년
채용박람회에서는 쿠팡풀필먼트, 서울혜화경찰서, 송추가마골 등 11개
업체가 채용박람회에 참가해 70여 명을 채용했다. 청년 실업과 중장년
실업, 노년 실업이 늘어가는 오늘날, 조계사 일자리나눔터와 채용박람
회는 지역과 더불어 상생하는 이상적인 모습을 보여주고 있다.

조계사가 위탁 운영 중인 서울노인복지센터(좌)와 구립 중림종합사회복지관(우).

사회복지 참여

노인과 아이들을 위해 끊임없이 노력해온 조계사에서는 서울노인복지센터와 구립 종로노인종합복지관, 구립 중림종합사회복지관, 선재어린이집과 낙산어린이집, 중구발달장애인 평생교육센터를 위탁 운영하고 있다.

서울노인복지센터는 100세 시대, 고령화에 따른 노인문화의 발전과 노인 문제 해결을 위해 설립된 노인 전문 사회복지기관으로, 2001년 4월 1일 서울특별시가 설립하고 대한불교조계종 사회복지재단으로부터 위탁받아 조계사가 운영해왔다. 서울노인복지센터는 '한국 노인복지의 새로운 모형 창출을 선도하는 Center'라는 비전 아래 서울노인영화제, 라디오실버스타, 9988운동회 등 어르신들의 주체적이고 역동적인 문화 활동과 신(新) 노인문화 창출을 지원하고 있다. 종로노인종합복지관은 지역

조계사는 노인과 아이들을 돌보는 데 앞장서고 있다.

어르신들의 복지 욕구에 부응하여 다양한 사회복지 서비스를 종합적으로 제공하고 있으며, '노인문화의 중심, 삶의 가치를 더하는 종로노인종합복지관'을 새로운 사명으로 다시 한번 도약을 준비하고 있다.

중림종합사회복지관은 서울의 중심인 중구 서부지역의 행복한 지역사회 조성과 주민복지를 위해, '소통하는 열린 복지관, 소중한 일상을 살피는 마을 복지관, 함께 배우고 성장하는 동행 복지관'이 되고자 한 걸음 한 걸음 나아가고 있다.

선재어린이집과 낙산어린이집은 부처님 품처럼 넉넉하고 어머니 품처럼 편안한 보육을 목표로, 놀이 중심의 다양한 교육을 통해 건강하고 당당하며 사랑스러운 어린이로 성장할 수 있도록 노력하고 있다.

2024년 중구청으로부터 수탁받은 중구발달장애인 평생교육센터는 성인 발달장애인이 지역사회에서 자기개발과 성장을 통해 스스로 자립하여 행복한 일상을 살아갈 수 있도록 '발달장애인의 가능성을 찾는' 센터의 역할에 진력을 다하고 있다.

교계 최초의 주민자치회 시범사업

종로구주민소통센터(구 종로구마을자치센터)는 마을생태계 조성사업과 주민자치회 시범사업을 지원하는 민간기관으로, 2019년 1월 조계사가 종로구청으로부터 위탁받아 교계 최초로 운영하기 시작했다. 주요 사업은 〈마을공동체 주민공모사업〉, 〈주민역량강화사업〉, 〈마을 네트워크 활성화사업〉, 〈홍보 및 아카이빙〉 등이다. 조계사에서 위탁 운영 중인 종로구주민소통센터는 공공성을 바탕으로 주민이 직접 참여해 우리 마을의 다양한 사업을 계획하여 운영하는 과정을 통해 주민자치력을 강화하고 민관 협력을 통해 사회문제를 적극적으로 해결해나가고 있다.

하나의 마을에는 다양한 생각을 지닌 사람들이 이웃으로 함께 살아가고 있다. 조계사는 우리 이웃들이 행복하고 따뜻하게 살아갈 수 있도록 종로구와 함께 민관 협력 체계를 구축하고 교육과정 개발 및 운영, 주민자치회 모니터링 등의 컨설팅을 통해 이웃과 함께하는 건강한 마을을 만들어가고 있다. 지난 2023년 2월 1일 센터 명칭을 '종로구주민소통센터'

로 개칭하고, 종로구청과 종로구주민소통센터 위·수탁 협약을 체결했다.

한편 2021년 11월, 조계사는 마을공동체 역량 강화를 사명으로 삼고 있는 서울시 마을공동체 종합지원센터 운영을 수탁받았다. 서울시 마을공동체 종합지원센터는 2012년 8월 23일, 서울이라는 대도시에서 주민이 주체가 되어 이웃 간의 호혜적 관계를 바탕으로 공동체를 회복하고자, 주민이 주도하는 마을공동체를 꿈꾸는 사람들의 희망과 노력으로 만들어졌다. 조계사는 종합지원센터를 통해 주민들이 마을의 주체로 성장할 수 있도록, 서로 힘이 되어줄 이웃들을 연결하는 데 앞장서왔다.

그러나 지난 2022년 9월 서울시가 일방적인 운영 종료를 통보했다. 조계사는 이에 반발 10월 기자회견, 11월 조계사 일주문에서 서울시청까지 삼보일배, 항의 성명서를 제출했지만 서울시의회에서 '마을공동체 활성화 조례 폐지안'이 통과됨에 따라 결국 센터 업무가 종료되었다.

조계사 선재어린이집

낙산어린이집과 창일어린이집을 위탁 운영해오던 조계사는 2016년 을유문화사 건물을 매입한 뒤 어린이집 건립 계획을 수립했다. 그리고 2019년 종로구 국공립어린이집 위탁체로 선정되어 선재어린이집을 개원했다.

건물 리모델링 공사에만 총 40억여 원의 예산을 투입한 선재어린이집은 연면적 1,222.61㎡에 지하 1층, 지상 5층 규모를 자랑한다. 만 0~5세까지 입학이 가능하며 오후 10시까지 야간 보육도 실시하고 있다. 이는 인

도심 포교의 일환이자 적극적인 지역 공동체 참여를 위해 조계사는 여러 형태의 주민자치
사업에 참여해 왔다.

조계사는 보육 사업에도 적극 참여하고 있다.

근에 근무하고 있는 직장인이 3만여 명에 육박하는 지역 특성을 고려한
것이다.

　조계사는 '선재어린이집의 운영 방식과 프로그램이 곧 조계종의 어린
이집 운영 수준이자 교계가 운영하는 여러 어린이집의 롤모델이 될 것'이
라는 마음으로 정성을 다하여 아이들을 돌보고 있다. 현재 선재어린이집
에 다니는 아이들은 서울 곳곳에서 오는데, 출근하는 아빠와 함께 등원
하는 경우가 많다. 늘 시간에 쫓기는 아빠들은 아이들과 정을 쌓을 수 있
어 큰 만족감을 보이며, 아침 시간에 여유를 찾게 된 엄마들의 만족감도
크다.

5.
불교 문화의 확산과 도심 포교

부처님오신날

부처님오신날은 이제 단순히 종교적인 행사가 아니라 모두가 함께 즐기는 축제이다. 특히 부처님오신날에 앞서 진행해오던 연등회가 2012년 국가무형문화재 제122호로 지정된 후 연등축제는 부처님오신날을 밝히는 진정한 환희와 축제의 장으로 거듭났다. 해를 거듭할수록 불자들뿐 아니라 일반 시민들과 외국인 관광객들까지 일부러 찾는 어울림의 무대가 되고 있다. 특히 종로에서 조계사까지 이어지는 연등 행렬은 축제의 하이라이트다.

연등회 시작을 알리는 '봉축점등식'은 광화문 광장에서 열린다. 연등회가 국가무형문화재로 지정되기 전에는 시청 앞 광장에서 진행해왔으나 2013년부터는 광화문 광장으로 자리를 옮겨 한층 규모와 격식을 갖춘 행

동대문부터 종로 일대를 거쳐 조계사 앞마당에서 마무리되는 연등 행렬은 연등회의 꽃으로 불린다.

사로 치러진다.

　원래 광화문 광장에서는 종교 행사를 일절 진행하지 못하게 되어 있다. 그런 장소에서 봉축점등식이 열린다는 것은 연등회가 불교만의 행사가 아니라 세계적인 축제이자 한국을 대표하는 축제로 자리매김했다는 뜻이다. 매년 조계사 신도들을 비롯한 사부대중이 광화문 광장을 가득 메우며 기쁜 마음으로 점등식을 함께하기에 점등식은 해마다 장엄하고 환희로 넘쳐나고 있다.

　부처님오신날을 일주일 앞두고 진행되는 연등축제는 그야말로 모두의 축제다. 따뜻하고 포근한 봄밤을 환하게 밝히는 연등축제에는 매년 다양한 사찰과 단체들이 참여해 화려하면서도 창의력이 돋보이는 작품을 선보인다. 연등축제가 진행되는 3일 동안 약 10만 개의 연등이 거리를 수놓는데 동대문에서 종로 일대를 거쳐 조계사 앞마당에서 마무리되는 이 행렬은 연등회의 꽃이라고도 불린다. 매년 축제의 열기를 더해가는 연등 행렬은 직접 참여하는 불자들뿐 아니라 시민들도 함께 환호하며 즐기는데, 코로나 팬데믹이 발생하기 이전인 2018년과 2019년에는 무려 100만 명이 넘는 사람들이 참여하여 장관을 이루기도 했다.

　지금까지 광화문 광장에서 선보인 탑등(塔燈)으로는 국보 제21호인 불국사 삼층석탑(석가탑)을 형상화한 '석가탑등'을 시작으로, 현존 최고의 석탑인 국보 제11호 미륵사지 석탑을 전통등으로 형상화한 '미륵사지 탑등'과 국보 제35호 화엄사 사사자삼층석탑을 등으로 제작한 '화엄사 삼층석탑등'이 있다. 특히 2014년 선보인 '미륵사지 탑등'은 좌대를 포함해 높이가 20m에 이르며, 실제 미륵사지석탑의 70% 크기에 40호 크기의 한지 500여 장으로 만들어낸 장엄한 대작이었다.

　봉축점등식은 세상의 아픔과도 함께하고 있다. 2014년 봉축점등식 때는 세월호 희생자들이 무사히 구조되기를 기도했고, 2015년에는 네팔 지진 피해가 하루빨리 복구되기를 기도했다. 2017년에는 탑등 앞에 수백

불기 2558년(2014년) 부처님오신날을 앞두고 서울 광화문광장에서 열린 '미륵사지 탑등' 점등식.

개의 등으로 대형 리본을 만들어 세월호 희생자를 기렸고, 희생자를 기리는 추모 묵념으로 점등식을 시작했다.

그러나 2020년부터는 코로나19 팬데믹의 영향으로 대폭 축소되어 진행될 수밖에 없었다. 2019년에는 봉축법요식에만 1만여 명의 방문객이 조계사를 가득 메웠었는데, 2020년에는 한 달 늦은 5월 30일에 행사를 진행했음에도 대부분 비대면으로 치러야 했다. 2021년부터는 마스크 착

연등축제는 매년 다양한 사찰과 단체들이 참여해 화려하면서도 창의력이 돋보이는 작품을 선보인다.

용, 손 소독, 거리두기, 방문 명부 작성 등 방역 수칙을 엄격히 준수하여 부처님오신날 행사가 진행되었다. 코로나19 팬데믹이 끝난 뒤에는 다시 부처님오신날을 기리는 모든 행사가 이전처럼 복원되었지만, 이 시기의 모습들 또한 팬데믹 한복판에서 조계사와 신도들이 체험한 이색적인 역사로 소중히 남아 있다.

부처님오신날을 기념하는 연등회는 2012년 국가무형문화재 제122호로 지정되었으며, 서울 시민의 주요한 축제로 자리를 잡았다.

봉축 표어

부처님이 이 세상에 오신 뜻을 기리고 이를 세상에 알리는 역할을 하는 봉축 표어는 공모를 통해 선정한다.

역대 봉축 표어를 살펴보면 시간이 흐르면서 연등축제가 불자들만의 잔치가 아니라 모두가 함께 기뻐하며 나누는 진정한 어울림의 장이 되어 가는 것을 알 수 있다.

2010년 · 가족을 부처님처럼

이전	·	우리도 부처님같이
	·	수행 정진으로 세상을 향기롭게
	·	나눔으로 하나되는 세상
	·	어린이 마음 부처님 마음
	·	나누는 기쁨, 함께하는 세상
	·	마음을 맑게, 세상을 향기롭게
	·	소통과 화합으로 함께하는 세상
2011년	·	함께하는 나눔, 실천하는 수행
2012년	·	마음에 평화를 세상에 행복을
2013년	·	세상에 희망을 마음에 행복을
2014년	·	나누고 함께하면 행복합니다
2015년	·	평화로운 마음 향기로운 세상
2016년	·	자비로운 마음 풍요로운 세상
2017년	·	차별 없는 세상 우리가 주인공
2018년	·	지혜와 자비로 세상을 아름답게
2019년	·	마음愛 자비를, 세상愛 평화를
2020년	·	자비로운 마음이 꽃피는 세상
2021년	·	희망과 치유의 연등을 밝힙니다
2022년	·	다시 희망이 꽃피는 일상으로
2023년	·	마음의 평화, 부처님 세상
2024년	·	마음의 평화, 행복한 세상

2019년 도량 장엄등 '우리 모두 하나 되어'.

조계사 도량 장엄등

조계사 도량을 밝히는 연등은 매년 우리 사회를 향한 메시지를 담고 있다. 지난 10년 동안 조계사를·빛낸 도량 장엄등 표어를 보면, 아픔과 슬픔은 보듬고 기쁨과 행복은 나누고자 하는 조계사의 따뜻한 마음이 전해진다. 불자들의 다짐과 발원을 담은 조계사 도량 장엄등은 매년 화제를 모으고 있다.

2009년 · 힘내라 대한민국

2010년 · (진관사 태극기 이미지)

2011년 · 꽃이 되어요

2012년 · 우리도 부처님같이

2013년 · 붓다로 살자

2014년 · 刊이팅! 코리아

2015년 · 평화로운 마음 향기로운 세상

2016년 · 미래 100년 총본산 성역화

2017년 · 다시 뛰자, 대한민국

2018년 · 함께 가자! 우리~

2019년 · 우리 모두 하나 되어

2020년 · 이웃과 함께하는 조계사

2021년 · 늘 이웃과 함께

2022년 · 나누면 따뜻해요

2023년 · 천년을 세우는 열암곡 부처님

2024년 · 그대로가 평안함이라

한여름 나를 깨우는 연꽃 향기

7월부터 8월까지 두 달 동안 진행되는 조계사 연꽃축제 '나를 깨우는 연꽃 향기'는 2015년 7월 10일 첫 개막 이래 매년 성황리에 열리고 있다. 뜨

매년 여름이면 조계사는 연꽃 마당으로 변한다.

거운 여름날 조계사 마당을 가득 채우는 연꽃 화분은 보기만 해도 시원
하고, 시간이 흐르면서 서서히 피어나는 연꽃은 사람들의 마음을 향기롭
게 한다. 도심 속에서 연꽃의 정취를 만끽할 수 있는 조계사 연꽃축제는
많은 시민의 호응을 얻고 있다.

연꽃은 부처님과 불교를 상징하는 꽃이다. 진흙 속에서 자라지만 그
더러움에 물들지 않고 아름다운 꽃을 피우는 것이 부처님의 지혜를 닮
았기 때문이다. 삶이 아무리 힘들어도 우리가 가진 본래의 청정함을 잃
지 말자는 부처님의 가르침이 연꽃에 담겨 있는 것이다.

조계사는 연꽃 축제 동안 누구라도 부처님 품에서 더위를 식히고 평

가을에 열리는 '국화향기 나눔전'.

화로운 마음을 찾을 수 있도록 '여름불교학교, 풀장이 있는조계사', '야경이 있는 템플스테이' 등 다양한 행사를 펼친다.

국화향기 나눔전

10월이 되면 조계사는 국화향기 나눔전 '시월 국화는 시월에 핀다더라'를 찾는 시민들로 북적거린다. 조계사 국화향기 나눔전은 해마다 수십만 명이 찾고 있어, 시민들은 물론 한국을 방문한 외국인들에게도 사랑받는 종교를 초월한 축제로 자리매김했다. 덕분에 해마다 가을이면 많은 이들이 올해는 어떤 주제로 아름다운 국화들이 조계사 앞마당을 수놓을지

기대한다. 2011년 10월 21일 시작된 제1회 국화축제 때는 국화꽃으로 장엄한 코끼리, 토끼, 거북이, 잉어, 공룡 등 다양한 동물들과 어린아이들이 좋아하는 《서유기》의 주인공 손오공, 삼장법사, 저팔계, 사오정이 등장하기도 했다.

국화향기 나눔전 기간에는 중양절 국화수륙재를 비롯하여 어린이 미술대회 '나는 화가다', '음악이 있는 야경 템플스테이', 사찰음식 시식회 등 다채로운 행사가 펼쳐져 사람들의 눈길과 발길을 사로잡는다. 2019년에는 11월 9일부터 11일까지 여섯 고장과 함께하는 열린 장터, '육농(六農)이 나르샤'를 진행하여 큰 호응을 얻었다. 그 외에도 가족이 함께하는 국화꽃등 만들기 대회와 어린이 불자들을 위한 놀이마당 '서유기'를 개최하여 어른뿐 아니라 아이들까지 온 가족이 함께 즐길 수 있도록 했다.

조계사의 사계

조계사는 불자들의 기도 도량인 동시에 수많은 시민들, 관광객들이 찾는 휴식처이자 문화공간이다. 그렇기에 조계사의 한 달과 일 년은 많은 행사, 기도, 법회로 채워진다. 봄에는 연등, 여름에는 연꽃, 가을에는 국화로 가득 메워지는 조계사의 한 달과 일 년을 돌아보자.

조계사의 매월 주요 행사

매월 음력 1~3일 · 초하루 신중기도 / 지역과 함께하는 장터

매월 음력 2일	·	신중용맹정진(저녁 8~10시)
매월 양력 1~21일	·	21일 다라니 사경기도
매월 음력 8일	·	약사재일
매월 음력 15일	·	미타재일
매월 음력 18일	·	지장재일
매월 음력 22일	·	관음재일 3일기도 입재
매월 음력 23일	·	관음용맹정진기도
매월 음력 24일	·	관음재일 3일기도 회향

조계사의 연간 주요 행사

설 합동 다례재를 시작으로 매년 마지막 날의 송구영신 법회까지, 여러 법회와 기도, 행사들이 조계사의 일 년 달력을 빼곡히 채운다.

설 합동 다례재 (음력 1월 1일)

정초 기도 (음력 1월 3일)

정월 조상천도재 (음력 1월 9일)

길상성취 사천왕재 (음력 1월 15일)

입춘 (양력 2월 4일 또는 2월 5일)

곡우다례재 (양력 4월 20일경, 곡우)

출가·열반재일 주간 (음력 2월 8~15일)

열반 천도재 (열반재일, 음력 2월 15일)

부처님오신날 맞이 기도 (음력 2월 20일, 음력 4월 1일)

부처님오신날 (음력 4월 8일)

하안거 기도 (음력 4월 15~7월 15일)

단오 기도 (음력 5월 5일)

백중 49재 기도 (음력 5월 26~7월 15일)

하안거회향 생명살림기도 (음력 7월 15일경)

연꽃축제 (양력 7~9월)

자녀를 위한 행복한 동행, 111일 화엄성중기도 (양력 7~11월경)

칠석 기도 (음력 7월 7일)

한가위 합동 다례재 (음력 8월 15일)

한가위 기도 (음력 8월 14~16일)

국화축제 (양력 10~11월경)

중양절 수륙재 (음력 9월 9일)

동지 기도 (양력 12월 22~23일경)

성도재일 철야용맹정진 (음력 12월 7~8일)

동안거 기도 (음력 10월 15~1월 15일)

동안거회향 생명살림기도 (음력 1월 15일경)

송구영신 법회 (양력 12월 31~1월 1일)

6.
앞으로 100년, 조계사의 미래와 과제

새 시대를 준비하는 조계사

1895년 승려 도성 출입 금지 해제 이후 처음으로 1910년 사대문 안에 세워진 사찰 각황사. 전국의 불자들이 마음과 기금을 모은 각황사의 창건부터, 총본산 대웅전 건립을 거쳐 지금의 조계사가 되기까지, 조계사 100년의 역사는 곧 한국불교의 역사였다. 그렇기에 조계사의 모든 걸음은 한국불교와 불자들의 자긍심이 되고 있다. 미래 100년을 위해서 한국불교 1번지 조계사가 해야 할 역할은 분명하다. 가장 중요한 것은 총본산 성역화 사업이다.

조계사는 총본산 성역화 사업을 진행하면서 먼저 다가서는 불교, 친근하고 따뜻한 불교를 만들기 위해 노력하고 있다. 현대의 불교가 나아가야 할 방향은 각박한 삶에 지친 사람들의 마음을 보듬고 위로하는 것이다. 삭막한 도심에서 한 줄기 향기를 피워내고 휴식을 줄 수 있는 치유 공간이 되어야 한다.

도량을 찾는 사람들이 그 안에서 웃고 쉬고 행복을 충전할 수 있다면 조계사는 이미 부처님의 자비를 실천하고 있는 것이다. 사람들과 함께하고자 하는 조계사의 노력이 세상에 울림을 주고, 조계사 도량 안에서 행복한 삶을 살아가는 지혜를 얻을 수 있다면 이보다 더 좋을 수는 없을 것이다. 조계사는 행복을 찾아가는 길에 길잡이가 되고, 언제라도 마음을 열고 마음 안에 꽃을 피울 수 있게 꽃씨를 가득 품은 공간이 되어야 한다.

사찰의 문턱과 담벼락을 없애고 친근하게 먼저 다가선 연꽃축제와 국화축제, 야경이 있는 템플스테이 등은 매년 서울 시민의 발길과 마음을 위로하는 축제로 자리매김했다.

미래 불교를 위한 투자와 노력도 계속되고 있다. 어린이집 건립을 통해 미래 불교의 희망, 어린이 포교에 앞장선 조계사는 '여름불교학교-풀장이 있는 조계사', '어린이 불자와 함께하는 조계사', '부처님과의 첫 번째 만남 영유아 수기법회' 등 아이들의 눈높이에 맞춘 다채로운 행사를 통해 부처님의 거룩한 음성을 즐겁게 접할 수 있는 계기를 계속 만들어가고 있다. 조계사는 미래 불교를 위해 앞으로도 어린이 포교에 계속해서 앞장설 것이다.

불교를 통해 긍정적이고 올바른 청소년 인재를 양성하기 위해서도 노력하고 있다. 조계사 청년센터는 미래 불교의 주역인 청년 불자들의 성

불교의 미래를 위해서는 자라나는 아이들과 청소년에 대한 적극적인 관심이 필요하다. 제 12회 조계사 어린이 미술대회 '나는 화가다'.

장을 위한 중심이 되고, 종로문화재 지킴이 활동은 청소년들에게 자신이 직접 문화재를 지키고 가꾼다는 자부심을 주고 봉사정신을 함양하는 효과를 거두고 있다.

지역사회와 함께 성장하며 나아가기 위한 활동 역시 그 범위를 확장해 가고 있다. 2018년 사회복지봉사 인증관리시스템(VMS)에 가입하여 집수리, 반찬 나눔, 의료 봉사, 독거노인 돌봄, 장애인 인식 개선 캠페인, 새터민과 탈북 대학생 장학금 지원 등 다양한 분야에서 열심히 활동을 펼치고 있는 '행복나눔 가피봉사단'의 활약은 계속 이어질 것이다. 아울러 사

조계사는 어려움에 처한 이웃을 돕는 데 앞장서왔다.

회 배려 계층(다문화가족, 탈북민, 장애인 등)의 닫힌 마음을 위로하는 무료 템플스테이 사업도 더욱 활발하게 진행될 예정이다. 조계사와 조계사의 활동을 사람들에게 쉽게 전달하고 알려주는 미디어 조계사의 역할도 더욱 강화될 전망이다.

시민들의 일상을 함께하는 조계사, 누구라도 들어올 수 있는 친절한 사찰, 누구나 다가가고 싶은 상냥한 불교, 힘들고 괴로운 마음을 위로해주는 부처님의 따뜻함을 실천하기 위한 조계사의 노력은 계속되고 있다.

조계사 창건 한 세기를 지나오는 동안 불자들은 물론 우리나라 국민

2024년 조계사 소원의 탑 기념식.

들, 나아가 전 세계 인류 앞에는 많은 새로운 도전과 과제들이 대두되는
중이다. 21세기로 넘어오면서 지구촌의 통합은 한층 가속화되고 세계는
이제 하나로 묶이고 있다. 나라와 민족의 경계는 느슨해진 대신 지구촌
의 글로벌화가 숨 가쁘게 진행되고 있다.

근대 이후 인류가 지금까지 살아온 방식에 근본적인 질문을 던지게
하는 사태도 연속적으로 발생 중이다. 국민 생활과 경제활동을 수년간
위축시킨 코로나19 팬데믹, 무한한 소비와 지구 자원의 남용, 자연과 환
경을 인간의 이기심을 달성하는 수단으로만 사용하는 이분법적 세계관

'코로나 소멸 발원 자비의 헌혈 운동'에 조계사 스님들이 동참하고 있다.

아래, 우리가 살고 있는 하나뿐인 이 초록별은 지구 온도 상승과 기후 위기라는 초유의 재앙을 예고하는 중이기도 하다.

 이 모든 변화는 인류의 위기, 종교의 위기이기도 하지만, 동시에 자연과 인간이 본래 둘이 아니라 하나로 이어진 것이라는 부처님의 가르침을 그 어느 때보다 깊게 이해하고 시민들의 삶 속에 녹여나갈 절대적인 기회이기도 하다. 조계사는 사부대중의 지혜와 뜻을 모으고 일상의 변화와 실천을 통해 부처님의 설법을 널리 퍼뜨려나갈 책무를 엄중하게 받아들이고 있다.

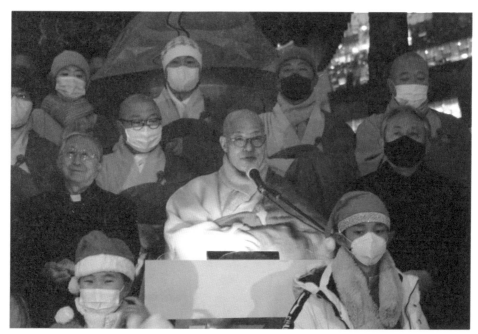

조계사는 불교의 가르침을 현대적으로 재해석하여 다가올 백 년을 준비하고 있다.

이제는 조계사가 지금까지 걸어온 도심 포교 백 년의 경험을 더욱 다지고 발전시키며, 불교의 가르침을 현대 생활과 문화 속에서 재해석하여 우리 앞에 다가온 또 다른 시대를 준비해야 할 때이다.

미래를 여는 총본산 성역화 불사

창건 백여 년이 넘은 조계사는 이제 앞으로의 백 년을 설계해야 하는 책임의 시간을 마주하고 있다. 후손들에게 명실상부한 대한불교조계종 총본산으로서의 위상과 역할에 걸맞은 사격을 물려주기 위해 꼭 필요한 과

일주문을 가리고 있던 동양금박빌딩 매입으로 향후 총본산 성역화 불사가 전환점을 맞을 것
으로 기대하고 있다.

업이 '총본산 성역화 불사'다.

이러한 원력으로 2015년부터 2021년 말까지 대한불교조계종 조계사
와 총본산성역화위원회는 조계사 주변 건물인 상아불교사, 을유문화
사, 상아빌딩, 은성식당, 동양금박빌딩 등을 매입하였다. 특히 주목할 점
은 조계사 일주문을 가리고 있던 동양금박빌딩을 2021년 매입한 것이다.
'총본산 성역화 불사'의 최대 난제였던 동양금박빌딩 매입으로 향후 총
본산 성역화 불사가 전환점을 맞을 것으로 기대하고 있다.

불교계를 넘어서 살펴보면 조계사는 이제 국제적으로 성장한 대도시

이자 한류 문화의 진원인 대한민국의 수도 서울을 대표하는 문화 공간이기도 하다. 시민과 외국인들에게 찬란한 1,700년 한국불교 문화를 자랑스럽게 보여주는 장소이자 메가시티 서울에 쉼과 휴식, 명상과 역사의 숨결을 일깨워주는 공간이기도 하다. 따라서 총본산 성역화 불사는 한국인은 물론 외국인에게까지 한국의 전통과 문화, 역사를 전하는 대표적 공간을 정비하고 단장하는 사업이라는 의미를 지닌다.

조계사의 미래, 향후 100년을 준비하는 상징적 불사이기도 한 총본산 성역화 불사에 교계와 신도들의 많은 관심과 정성, 원력을 모아 나가야 할 시점이다.

QR코드를 스마트폰으로 스캔하면
조계사 역사를 다룬 다큐멘터리
〈조계사, 한국불교의 문을 열다〉
영상을 볼 수 있습니다.

대한불교조계종 총본산
조계사

초판 1쇄 인쇄 2025년 1월 15일
초판 1쇄 발행 2025년 1월 23일

발행인   원명(김종민)
기획   조계사 기획국
대표   남배현
펴낸곳   ㈜조계종출판사

주소   서울시 종로구 삼봉로 81 두산위브파빌리온 1308호
전화   02-720-6107
전송   02-733-6708
출판등록   제2007-000078호 (2007. 04. 27.)
이메일   jogyebooks@naver.com
구입문의   불교전문서점 향전(www.jbbook.co.kr) 02-2031-2070

ISBN 979-11-5580-249-6 03220